경천애인

경천애인

후쿠다 미츠오

역자 김선경

*W*ide *Margin*

목차

추천사

다카미자와 에이코
현: 토치트리니티신학대학원 이문화학 준교수
분당 할렐루야교회 일본어예배부 담당목사

오늘날 일본의 많은 크리스천들은 주일 예배를 중심으로 신앙생활을 하고 있다. 교회의 회중 예배는 통상 찬양, 대표기도, 설교, 축도 등의 요소로 이루어져 있는데, 그 대부분은 일방적으로 강단에서 보내는 발신이 주류이다. 따라서 예배자는 이것을 수동적으로 받아들이고 끝내는 것이 예배의 실상이다.

그런데 이러한 회중 예배만 참여하는 신앙생활을 지속하면 성도간의 교제는 서서히 희미해지고 극히 표면적인 관계로 고착될 것이다. 그러면 교회는「훌륭한 크리스천의 겉모습」을 보이기 위한 장으로 전락할 수 있다.

사실, 이 문제는 규모가 큰 한국 교회에 있어서도 하나의 과제가 아닐까 하는 생각이 든다. 많은 수가 보이는 예배에서는 종종 옆 자리에 면식이 없는 사람이 앉을 경우가 많고, 가벼운 목례만 나누는 것이 일반이다. 강단에서 발신되는 좋은 찬양과 설교 등에 은혜를 받지만, 신앙 생활이나 인생에 대한 진솔한 나눔의 기회가 없다면, 신앙은 의식 중에 머물러서 생활에 직면한 신앙을 올바로 세우기 어려울 것이다. 주일이 지나면 일주일 동안 신앙과 별개의 세계를 살게 될 수도 있다. 본래 교회란 건물이나 프로그램이 아니다. 그 안에서만 말씀을 배워야 하는 장소적인 의미도 아니다.

교회는 에클레시아로서 하나님께 부름 받은 자들이 예배하는 장소이다. 또한 코이노니아로서 영적인 교제가 있는 장이다. 그 곳에서부터 세상에 보냄을 받을 수 있도록 성도의 교제가 있어야 하는 것이다.

후쿠다 미츠오씨가 저술한 「경천애인(敬天愛人)」은 예배나 프로그램, 구조 등에 의해 추진되는 형태나 모양으로서의 교회가 아닌, 개개인이 생활 가운데 믿음으로 사는 신앙의 실제에 주목한 크리스천 지침서이다. 하나님의 말씀을 진지하게 받아들이고, 이를 인생의 원칙, 지침, 원동력으로 살아가고자 하는, 즉"이해하는 신앙"에서 삶 가운데 "실천하는 신앙"으로 되돌려 놓는 책이다.

이것은 성도 한 사람의 인격이 공동체의 인격이 되는 프랙탈 구조로 이루어져있다. 이 구조를 모티브로 하여 「(1) 하나님을 기뻐하고 그 분께 순종한다. (2) 주변 사람들을 섬기고 그들에게 전한다. (3) 자신을 돌아보고 이웃을 사랑한다」라고 하는 「천외내 (天・外・内) 」의 뼈대로 짜여져 있다. 이것은 먼저 한 개인이 예수 그리스도의 말씀을 매일 진지하게 듣고 받아들임으로써 시작되어 이를 일상 가운데 실천하고, 이후에는 생활 가운데 확실히 실천되었는지에 대해 인생을 변혁하는 그룹 (Life Transformation Group) 안에서 반추해보는, 즉 생활에 직면한 구조로 되어있다. 이 신앙의 모티브를 가정, 직장, 인간 관계 안에서 실천해갈 때 이것이야말로 「네 마음을 다하고, 목숨을 다하고, 뜻을 다하여 주 너의 하나님을 사랑하라」, 「네 이웃을 네 몸과 같이 사랑하라」 (마22장 37,39절) 라고 하신 성경 전체를 통해 가장 중요한 예수 그리스도의 가르침을 실천하게 되는 것이다.

한국 교회사는 1907년 평양 대 부흥을 통하여 지난 백 년간 시설, 인재, 프로그램, 제도 등 세계에서도 매우 뛰어난 인프라를 구축해 왔다. 이 부흥을 짊어져 온 목사들은 지금 세대교체라는 새로운 국면을 맞이하고 있다. 대형교회를 세운"큰 그릇"들이 다음 세대 목사에게 바통을 넘겨야 하는 이 때, 중요한 것은 믿음의 원동력이 이제 목사에서 성도로 옮겨져야 하는 것이 아닐까 라는 생각이 든다. 지금이야말로 우리 한 사람의 신앙인이 예수 그리스도의 말씀에 따라 성령의 능력을 받고, 생활의 장에서 크리스천의 삶을 실천하고 이를 서로 격려하는 교회를 세워 나갈 때 한국 교회의 부흥의 불은 더욱 깊이 한국 땅에 침투하게 될 것이다. 그리고 더 나아가서는 이미 대규모로 성장한 한국 교회를 통해 세계 선교가 힘있게 확장되며 초대 교회와 같은 능력이 드러나게 될 것을 확신한다. 본서「경천애인(敬天愛人)」은 이를 위한 좋은 단서를 마련해주는 책이라고 할 수 있다.

추천사

추천문

나카노 유이치로(中野雄一郎)목사

　　본서는 "하나님께서 전 세계 가운데 어떻게 일하고 계시는가"라는 질문에 대한 새로운 이해를 제안하고 있습니다. 그리고 성경 안에서, 특히 신약성경에 근거하여 오늘날의 교회에 대한 문제제기를 언급하고 있습니다. 폐색이 짙어진 일본 기독교계가 이 문제제기에 관해 진지하게 수용하고, 잘 이해하여 사용한다면 분명히 역사의 전환기를 맞이하게 될 것입니다. 또한 이 새로운 움직임을 통해 잃어버린 수많은 영혼들이 하나님 나라로 인도될 것을 확신합니다.

　　저자는 이미 17년 전에 그의 저서 『문맥화 교회의 형성(文脈化教会の形成) 』에서 복음의 토착화라는 관점을 제시하고, 일본이라는 문맥 상에서 복음전도의 방법을 명확하게 제시했습니다. 일본에서 선교하는 이들을 위해 참으로 시사하는 바가 큰 책이었습니다. 더군다나 저자는 『바나바와 같은 인재를 육성한다 (バルナバのように人を育てる)』라는 책을 발표하고, 「코칭」이라는 새로운 관점에서 사역자 육성방법을 명시했습니다. 이 2가지를 염두에 두고 본서를 읽는다면 한층 이해하는데 도움이 될 것입니다.

　　본서에서 제안하고 있는 토대는 성경에 입각한 전도와 제자육성 방법입니다. 이것은 목사나 사역자 등 전문가에 의한 것이 아니라 일반 평신도들에 의해 이루어지는 제자육성입니다. 저자는 다음과 같이 기술하고 있습니다.

　　「양육자는 먼저 모범을 보이고, 피양육자는 관찰합니다. 그러면 이후에 양육자가 피양육자에게 오히려 도움을 받게 되는 때가 찾아옵니다. 피양육자가 성장하면 양육자 없이도 책임감을 가지고 주의 일을 돕는 자가 됩니다. 양육자는 피양육자에게 차근차근 단계를 밟으면서 성실하게 기술을 전수해 줍니다. 바톤터치는 조직이나 어떤 이벤트 등을 사용하지 않더라도 하나님께 순종하겠다고 다짐한 평신도들에 의해 언제 어디에서든지 가능합니다.」

이와 같이 「평신도에 의한 선교」의 트레이닝과 스킬을 손쉽게, 또한 실천적으로 전개하고 있습니다. 특히, 일본인이 이해하기 쉽고, 사용하기 편한 방법들이 곳곳에 숨겨져 있습니다. 사이고 타카모리(西鄉隆盛)가 주창한 「경천애인(敬天愛人)」을 성경 말씀을 따라 살아가는 「삶의 방식」으로 설명하고「까마귀 왜 우나(한글 번역본에서는 민요 아리랑을 접목하였음)」와 같은 친근한 동요의 음률에 「주야로 묵상하네」 등의 가사를 바꿔 넣어서 트레이닝 교재로 사용하고 있습니다.

또한, 「천외내(天外內)」와 같은 단어를 조합하여 트레이닝의 기본구조를 명시했습니다. 「천내외(天內外)」보다 「천외내(天外內)」를 주장하면서 저자 특유의 훈련방법을 설명해줍니다. 먼저 하나님「하늘(天)」과의 관계를 1순위에 두고, 그 다음에 다양한 전통적 가르침은 자기 자신「안(內)」에서 정리한 후, 전도「밖 (外)」를 위해 나간다는 의미인데, 저자는 구원받은 초신자는 성경의 약속을 따라 즉시 외부로 나가야 한다고 주장합니다.

본서는 QT, 천외조직, 부부 관계, 개인 전도, 금전관리, 대화식 성경공부모임 등의 흥미로운 총 6장으로 구성되어 있으며, 예화로 제시된「히/카/리 (빛)」「평안을 받을 사람」「바퀴벌레와 나방」등, 유쾌한 웃음을 자아내면서도 성경에서 말하고 있는 전도의 진리에 대해 명쾌하고 예리한 해석을 해줍니다. 더욱이 「생쥐 계산식으로 제자가 증가되는 법칙」을 「2-2-2 원칙」으로 세워 예수님의 제자훈련과 초대교회 성도들의 기하급수적 산출, 또한 코끼리형 교회와 토끼형 교회의 비교에 의한 증식 계산을 소개해줍니다.

그리고, 저자는 자신의 주장에 오해의 소지가 없도록 충분히 배려하고 있는데, 오늘날까지 목사라는 존재가 좋은 리더보다 의존적이며 지시를 기다려주기만 바라는 팔로워들을 양산해버리기 쉽다는 지적에 대해서는 다소 민감할 수도 있다는 생각이 듭니다. 더불어 이 장에서는 코칭의 극적 의미에 대해서도 설명하고 있습니다.

현대 교회의 혁명을 기록한 『Revolution』(존 배너 저) 이나, 남미에서 대규모로 확대되고 있는 「Marketing Mission」, 데이비드 가리슨(David Garrison)의 「Church Planting Movements」 등도 본서의 이해를 돕고 있습니다. 아마도 일본인으로서 이 정도의 깊은 이해력과 실천력을 가지고 여기까지 기록한 책은 일찍이 없었다고 해도 과언이 아닐 것입니다.

본서가 많은 사람들에게 전도에 대한 접근방식에 변혁을 주고, 일본 열도를 하나님의 나라로 확장시키는 계기가 될 것을 확신합니다.

들어가면서

심플하면서 촉매적인
제자 육성의 바통

2004년 여름, 태국의 푸켓에 방문했을 때의 일입니다. 아침 일찍 일어나 아무도 없는 해변가를 산책했습니다. 수 킬로미터나 이어지는 길다란 모래사장에는 안다만 섬의 투명한 바다 물결이 평온하게 넘실대고 있었습니다. 깨알 같은 모래알들은 내가 걸을 때마다 쿳!쿳! 하고 소리를 냈습니다.

그 소리에 잠시 멈춰 서서 모래알을 한 손 가득 움켜쥐었습니다. 손가락 사이로 빠져 나가는 수많은 모래알을 보면서 무심코 혼잣말이 튀어나왔습니다. 「굉장한 걸. 셀 수가 없어. 이 모래가 바다 속까지 가득할 텐데」이렇게 말로 내뱉은 순간, 하나님의 음성이 들려왔습니다. 「네 자녀가 이와 같이 되리라」

나는 그 자리에 주저앉아 한참을 울었습니다. 일본인을 향하신 하나님의 생각이 얼마나 깊으시면 이렇게 죄 많고 보잘것없는 내게도 주님의 일을 맡겨주셨나 하는 막대한 은혜의 스케일에 그만 압도되고 말았습니다.

하나님은 아브라함에게 「내가 네게 큰 복을 주고 네 씨가 크게 번성하여 하늘의 별과 같고 바닷가의 모래와 같게 하리니 네 씨가 그 대적의 성문을 차지하리라.」 (창22:17) 라고 약속하셨습니다. 하나님께서는 이 약속을 현 시대를 살고 있는 일본인에게도 주시겠다고 말씀하셨습니다.

가톨릭 선교 460여 년, 개신교 선교 150여 년의 역사를 지내오는 동안, 선교를 위한 자원은 아낌없이 부어졌습니다. 그러나 일본은 마치 임신하지 못하는 여인처럼 자녀를 생산하지 못했습니다. 그러한 일본을

향해, 하나님은 「노래할지어다. 산고를 겪지 못한 너는
외쳐   노래할지어다.」 (사54:1) 라고   선포하십니다.
수확의 때가 가까이 왔다는 것입니다.

그렇다면, 수확 전야인 이 시대에 무릇 우리가 전념해야
할 것은 무엇일까요? 아브라함에게 주신 약속이 이
나라에서 실현되기를 바라는 마음으로 향후 10년간,
오직 기도에 매달릴 수도 있을 것입니다. 그러나 지금은
현실을 향해 믿음의 발걸음을 내디뎌야 할 때입니다.

마태복음   25장1 ~ 13절에   등장하는   지혜로운
처녀들이 「기름을 준비하다」 라는 구체적인 행동을 한
것처럼, 우리도 기도하며 행동에 옮겨야 할 일이 있습니다.
즉, 그것은 수확을 위한 일꾼을 준비하는 것입니다.

만약 하나님께서 하루에 10명의 회심자를 교회에
보내주신다면 이들을 양육할 수 있겠습니까? 1주일에
100명을 보내주신다면 어떻게 되겠습니까? 한 달에
1000명의 새신자를 수용할 수 있습니까? 만약 올해, 100
만 명의 일본인이 구원을 받는다면 교회는 그 사람들을
양육할 준비가 되어 있을까요?[1]

주님께서는 수확을 위해 일할 일꾼을 준비하라고
말씀하셨습니다.

그렇다면, 수확을 위한 일꾼이란 어떤 사람을 일컫는
것일까요?

첫 번째로 하나님께서 말씀하시는 것을 수용할 수
있는 사람입니다.

「너희는 주께 받은 바 기름 부음이 너희 안에
거하나니 아무도 너희를 가르칠 필요가 없고 오직 그의
기름 부음이 모든 것을 너희에게 가르치며 또 참되고
거짓이 없으니 너희를 가르치신 그대로 주 안에 거하라」
(요일2:27) 라고 말씀하신 바와 같이 하나님의 백성은

---

1   Tony and Felicity and the H2H team, "Are You A Missionary or
An Imposter?" *House2house E-Letter*, December 7, 2009. http://e-letter.
house2house.com/2009/12/07/are-you-a-missionary-or-an-imposter/
(accessed April 09, 2010)

성령을 통해 그 분의 음성을 들을 수 있습니다. 특별한 사람뿐 아니라 「평범한 사람」(행 4:13) 들이 하나님의 음성을 듣고, 수확의 사명을 수행할 수 있다는 것입니다.

극히 일반적인 성도가 매일, 매 순간, 오직 예수님께 집중함으로써 그 분의 음성을 들을 수 있습니다 (행 2:17,18). 우리가 주님의 음성을 듣는 이유는 기본적으로 자기자신의 만족을 위한 것이 아닙니다. 하나님께서는 내 이웃에게 주의 말씀을 전하기 위해 그 분의 음성을 들려주시고 우리를 사용하고자 하십니다.

우리는 마치 하나님께서 보내신 우편배달부와 같은 존재입니다.

수확을 위한 일꾼의 두 번째 특징은 하나님께서 보내시는 곳에서 만난 모든 사람을 섬기는 것입니다.

「섬김을 받으려 함이 아니라 도리어 섬기려 하고」(마 20:28) 라는 말씀과 같이 이 땅에 오신 예수님을 본받아, 우리도 사람들의 종이 되기 위해 파송을 받는 것입니다.

그렇지만 우편배달부라고 해서 단지 언어만 전달하는 것은 아닙니다. 하나님은 「오전 중에 ○○ 씨에게 전화해서 격려해줘라」「식사할 때 이야기를 잘 들어줘라」또는「케이크를 구워서 가지고 가라」 등으로 섬세하게 말씀해주시고 사랑에 근거한 행위를 나타내노록 인도히 십니다. 즉, 우리의 존재 자체가 「그리스도의 편지」(고후3:3) 인 것입니다.

그런데 만약 어떤 대단한 한 사람이 충직한 우편배달부가 되었다고 해서 큰 수확에 대응하기란 쉬운 일이 아닙니다. 「추수할 것은 많되 일꾼이 적으니」(눅 10:2) 라고 예수님께서 말씀하셨습니다. 따라서 일꾼은 더 넓은 범위에서 양육되어야 합니다. 자신이 받은 제자양육의 바통은 한 곳에 머무르지 않고 반드시 다른 사람에게 전달되어야 합니다.

수확을 위한 일꾼이 갖추어야 할 세 번째 특징은, 자신은 죽고 타인에게 제자 양육의 바통을 전하는 것입니다.

"양육하다" 라는 것은 곧 내 자신이 죽는다는 의미이기도 합니다. 예수님은 「한 알의 밀이 땅에 떨어져 죽지 아니하면 한 알 그대로 있고 죽으면 많은 열매를 맺느니라」(요12:24) 라고 말씀하셨습니다. 스스로 살아있는 상태로는 자손을 볼 수 없습니다. 「자기를 부인하고 날마다 제 십자가를 지고 나를 따를 것이니라.」 (눅9:23, 고전15:31참조) 라는 명령에 순종하는 사람들은 「십자가를 지는 모범」을 제시하는 양육자에 의해 성장하게 됩니다.

양육자는 먼저 모범을 보이고, 피양육자는 관찰합니다. 그러면 이후에 양육자가 피양육자에게 오히려 도움을 받게 되는 때가 찾아옵니다. 피양육자가 성장하면 양육자 없이도 책임감을 가지고 주의 일을 돕는 자가 됩니다. 양육자는 피양육자에게 차근차근 단계를 밟으면서 성실하게 기술을 전수해 줍니다. 바통터치는 조직이나 어떤 이벤트 등을 사용하지 않더라도 하나님께 순종하겠다고 다짐한 평신도들에 의해 언제 어디에서든지 가능합니다.

나는 하나님의 은혜로 지난 8년간 선교현장에서 수많은 시행착오를 거듭하며 "풀 뿌리 기초 제자양육 –자발적, 기하급수적 성장을 겨냥한 제자양육–"의 트레이닝 설계와 실천에 몸담아 왔습니다. 이 책은 그 과정에서 배운 내용을 정리한 것입니다.

트레이닝의 특징은 심플하면서 촉매적입니다.

우선, 보다 많은 사람들의 손에 간편한 도구로써 사용되도록 "심플"한 구성을 유지하도록 노력했습니다. 바통이 다음 사람, 또 다음 사람에게 지속적으로 전해지기 위해서는 「가벼운 것」이 필수 조건이기 때문입니다. 단, "심플"에 주목하다가 본질적인 것을 놓치지 않도록 주의해야 합니다.

그리고, 심플함과 동시에 촉매적인 것을 지향했습니다. "촉매"의 의미는 하나님과 트레이닝 참가자의 관계에서 이루어지는 교류를 촉진하는 것으로써, 참가자 자신 안에 일어나는 변화와 성장을 매개한다는 의미입니다.

예를 들어 QT는 하나님께 단순한 질문을 드리고, 이에 응답하시는 하나님의 음성을 듣는 것이 중심이 됩니다. 이와 같이 하나님과 교제하는 대화의 장에 다른 사람을 초청함으로써, 구체적으로 어떻게 기도하는지에 대해 상세하게 가르치지 않더라도 이 교제 안에서 참가자가 하나님의 마음을 발견할 수 있게 됩니다.

이러한 종류의 바통터치가 성도의 일상생활 속에서 다양한 장소를 통해 이루어지면, 이로써 수확을 위한 일꾼, 그리고 일꾼을 양육하는 양육자, 더 나아가서는 양육자를 양육하는 리더가 끊임없이 세워질 것입니다.

그러면 이제 본격적으로 시작하겠습니다.

후쿠다 미츠오

들어가면서

경천애인
(敬天愛人)

유종의 미를 장식하다.

재능이 뛰어난 피아니스트가 연주를 하고 있었습니다. 그는 아직 천진난만한 소년이었습니다. 연주가 끝나자 관객들은 일제히 일어나 우레와 같은 갈채를 보냈습니다. 그리고 그 갈채는 앙코르를 요청하는 기세로 이어졌습니다.

그런데, 무대 귀퉁이에 서있던 소년은 청중의 요청에 대응하려 하지 않았습니다. 사회자가 물었습니다. 「모든 사람들이 기립박수로 앙코르를 기다리고 있어요」 소년은 대답했습니다. 「2층 발코니에 있는 저 백발의 할아버지가 일어나지 않았어요.」

사회자는 당황스러워하며 말했습니다. 「저 사람은 귀가 어두워서 안 들릴 수도 있고, 다리가 불편해서 못 일어났을 수도 있어요. 그러나 다른 사람들은 모두 일어 났잖아요.」 그러자 소년은 슬픈 표정을 지으며 다음과 같이 대답했습니다. 「아니요. 저 분은 제 피아노 선생님인걸요.」

이 소년에게 청중의 기립박수는 그다지 중요한 것이 아니었습니다. 콘서트 홀에 수많은 사람이 모여있었지만 그는 오직 한 분 앞에서 연주하고 있었던 것입니다. 설령 아무도 박수를 쳐주지 않았을지라도, 누구보다 자신을 잘 알고 있는 선생님이 좋은 평가를 해줬다면 소년은 기쁜 마음으로 앙코르에 응했을 것입니다.

사도행전 7장에는 스데반이 수많은 군중 앞에서 설교한 내용이 나옵니다. 위의 소년 피아니스트의 경우와

달리, 스데반의 청중은 모두들 화를 내고 있었습니다. 「그들은 이 말을 듣고 마음에 찔려 그를 향하여 이를 갈거늘」 (행7:54) 이라고 기록되어 있습니다.

그렇지만 그 때, 그의 설교를 최고로 평가하신 한 분이 계셨습니다. 그 분은 그를 무대에 세워주신 예수님입니다. 스데반이 성령에 충만하여 하늘을 우러러 볼 때, 하나님의 영광과 하나님 오른편에 서 계신 예수님을 발견하고는 다음과 같이 외쳤습니다. 「보라. 하늘이 열리고 인자가 하나님 우편에 서신 것을 보노라」 (행7:56)

타인에게 무시나 거절을 당하는 것은 슬픈 일입니다. 그러나 평소에는 하나님 아버지의 우편에 앉아계시던 예수님께서 나를 위해 일어서신 모습을 보게 된다면, 그 마음은 기쁨으로 충만할 것입니다. 「내 부모는 나를 버렸으나 여호와는 나를 영접 하시리이다.」 (시편27:10) 이 성경 말씀은 내가 가장 사랑하는 말씀입니다. 주님의 모습을 바라본 스데반에게 얼마나 큰 격려가 되었을까요?[2]

이 땅의 삶을 마칠 때, 하나님께서 「네가 참 잘 하였다. 너를 줄곧 지켜봐 왔단다. 네가 아주 잘 해주었구나. 네가 혼신을 다해 섬겨준 것을 알고 있단다.」 만약 이렇게 말씀해주신다면, 모든 고난에 대한 보상은 이미 충분히 받은 셈일 것입니다.

그래서 나는 매일 주님께 칭찬받을 그 날을 꿈꾸며 삽니다. 이 소망이 있기에 오늘 하루도 열심을 다해 섬기는 것입니다.

2   Leith Anderson. Leadership That Works: Hope and Direction for Church and Parachurch Leaders in Today's Complex World. Minneapolis, MN: Bethany House,2001. pp.210-211.

인생은 하나님의 작품

삶의 마지막 순간에 나를 위해 보좌에서 일어서신 예수님을 보게 된다면, 그 이상의 귀한 임종은 없을 것입니다. 이러한「죽음을 대하는 태도」는 지금까지 어떻게 살아왔느냐에 대한「삶을 대하는 태도」의 집약된 표현이며, 임시변통이 불가능한 것입니다. 매일 하나님 앞에서 성실하게 살아가는 삶이야 말로 아름다운 임종의 전제가 됩니다.

한편, 인간의 한계를 초월하여 하나님이 직접 책임지고 그 인생을 마감시켜주시는 경우도 있습니다 (신32:10 ~12참조). 따라서 우리는 하나님 앞에 성실하게 살았다고 자부할지라도 이 또한 주님의 은혜이며 결코 자신을 자랑할 수 없는 것입니다 (눅17:10참조). 하나님은 우리와 인격적인 교제를 통하여 결국 온전한 마음으로 주님께 헌신하도록 인도해 주십니다.

왜냐하면, 우리의 인생은「하나님의 작품」(엡2:10) 이며, 하나님께서 시작하시고 그 분의 개입하심 가운데 결국 완성되기 때문입니다. 바울도 산더미 같은 문제를 끌어안고 있던 빌립보 교회에 대하여「너희 안에 착한 일을 시작하신 이가 그리스도 예수의 날까지 이루실 줄을 우리는 확신하노라」(빌1:6) 라는 편지를 보냈습니다.

지금은 소천하신 숙모님께서는 생진에 자수를 즐겨 하셨습니다. 예쁜 레이스에서부터 가게에 놓고 팔아도 될 만한 인형에 이르기까지 노련하게 작품을 만들었습니다. 반대쪽으로 뒤집어서 자수를 하고 있을 때는 전체의 구조를 이해하기 어렵고, 일부러 구멍을 낸 부분도 있습니다. 그런데 완성된 작품을 보면, "아하~ 그렇구나, 이 검정 실은 이 모양을 돋보여주기 위해서 사용한 것이구나" 하고 납득하게 됩니다. 우리의 인생이 완성될

때, 하나님은 완성된 자수를 뒤집어 보이시고, 아름다운 작품이라고 칭찬하실 것입니다.[3]

살다 보면 괴로운 일들을 만날 때가 있습니다. 「내게 왜 이런 일이 일어났습니까?」하고 울부짖기도 합니다. 그 이유는 대부분의 경우 뒤집힌 자수의 면밖에 보지 못하기 때문입니다. 그렇지만 스데반과 같이 「하늘을 우러러 주목하여」(행7:55) 주님을 바라본다면, 자수의 전체 모양을 온유하게 바라보시는 예수님의 눈빛을 느낄 수 있습니다. 하나님 그 분께서 시련과 고난의 실을 섞어 짜시면서 우리의 인생이라는 작품을 완성해 주십니다.

양질의 와인이 숙성되기 위해서는 혹독한 기후가 불가피한 것처럼 시련과 고난은 단순한 액센트가 아닌, 하나님의 작품을 완성하는데 결코 빼놓을 수 없는 요소입니다. 히브리서 기자는 예수님도 이 땅에서「고난으로 순종함을 배워서 온전하게 되셨은즉」(히 5:8,9) 이라고 회고하고 있습니다. 따라서 우리가 만나는 모든 일은 각각 의미가 있는 것입니다.

인생이 하나님의 작품이라면「나는 쓸모 없는 인간이다」와 같은 말을 해서는 안됩니다. 작품을 비하하는 것은 간접적으로 작가를 비하하는 것입니다. 피카소나 드가의 데생은 그리다가 중단한 것이나, 미완성의 작품이라 할지라도 상당한 고가가 매겨집니다. 그와 마찬가지로 우리의 인생이 아직 미완성이고 거칠게 깎여진 것일지라도 작가인 하나님이 위대한 분이기 때문에 그 작품도 충분히 가치가 있는 것입니다.

작품이란 작가 자신을 반영하는 매개입니다. 모든 피조물은 창조주 하나님의 아름다움을 부분적으로 반영하고 있는데, 그 중에서 인간은 유일하게 「하나님이 자기 형상대로 창조하셨다」(창1:27) 라고 성경이 증언하고 있습니다. 여기에는 특별한 인간의

3   코리 텐 붐『주를 위한 방랑자』편집: 제이미 버킹검, 번역: 稲富いよ (이나도메 이요) いのちのことば社(일본 생명의 말씀사) 1976. pp.10-11.

존엄성이 내포되어 있습니다. 우리 인생은 하나님 그 분의 표현이며, 하나님의 시 또한 노래인 것입니다.

인생은 하나님의 작품이라는 사실을 모두 인정하고, 매일 자신을 새롭게 창조하시는 하나님의 손이 어떻게 일하실까 하는 기대와 감격으로 하루를 시작한다면 얼마나 놀랄만한 매일의 연속이 될까요?

그런데 우선 내 자신이 하나님의 작품이라는 사실을 기쁘게 받아들이기 위한 연습이 필요합니다. 많은 사람들이 성장 과정에서 자기 자존감에 큰 상처가 될 만한 말을 듣고 자라기 때문에 그 마음에 자신을 책망하는 사고패턴이 습관적으로 고착되어 있습니다. 어제도 오늘도「너는 무가치한 인간이야」라는 메시지가 생각 속으로 날아듭니다.

따라서 우리는 작가이신 하나님의 음성을 매일 듣고「내 인생은 거장의 걸작과 같아서 놀랄만한 가치가 있고 결국 훌륭하게 완성될 것이다」라는 희망적인 말을 내 안에 심어줘야 합니다.

「경천애인」의 삶

그러면 인생이라는 그 분의 작품에 깊은 궁휼을 베푸시는 하나님께 우리는 어떻게 반응하며 살아야 할까요? 하나님을 사랑하는 길은 두 가지로 분류할 수 있습니다.

첫 번째는 기쁨을 표현하는 것입니다. 정성을 다해 선물을 준비했는데 받는 사람이 관심을 보이지 않거나 오히려 불만 섞인 표정을 짓는다면 아주 실망스럽겠지요? 선물을 준비한 사람은 그것을 받아준 사람의 기쁜 표정을 볼 때, 자신이 이미 지불한 값에 대한 보람을 충분히 느끼게 될 것입니다.

하늘에 계신 아버지는 좋은 것을 주시는 분입니다 (마7:11). 바울은 하나님의 관대함에 대해 다음과 같이 표현했습니다. 「자기 아들을 아끼지 아니하시고 우리

모든 사람을 위하여 내어주신 이가 어찌 그 아들과 함께 모든 것을 우리에게 주시지 아니하겠느냐」(롬8:32)

하나밖에 없는 아들뿐 아니라 만물을 내어주신 하나님을 향해 우리는 기쁜 얼굴로 반응하고 있습니까? 항상 하나님께 감사 드리고 그 분을 기뻐하는 것이 하나님을 사랑하고 복음 가운데 사는 바람직한 모습입니다.

만약「항상 찬송의 제사를 하나님께 드리자. 이는 그 이름을 증언하는 입술의 열매니라」(히13:15) 이 고백을 실천하게 된다면 하나님을 사랑하는 훌륭한 표현이 되겠지요. 사도 요한은「하나님을 사랑하는 것은 이것이니 우리가 그의 계명들을 지키는 것이라.」(요일 5:3) 라고 기록했습니다.「당신을 사랑합니다」라고 아무리 노래를 불러도, 명령을 전혀 지키지 않는다면 사랑하는 것이 아닙니다.

하나님을 사랑하는 또 하나의 길은 명령에 순종하는 것입니다. 「순종이 제사보다 낫고」(삼상15:22) 라는 뜻입니다.

하나님은 소통의 명수로서 「나를 얼마나 사랑하고 계시는가」에 대한 생각을 매일 표현해주시는 동시에 「내가 어떻게 살아야 할지」에 대한 삶의 길을 제시해 주십니다.

네비게이션이 있으면 초행길이라도 목적지에 도달할 수 있습니다. 이와 마찬가지로 하나님께서는 하늘에서 우리를 바라보시고 어떤 길로 가면 좋을지 친히 가르쳐 주십니다. 그 분의 가르침을 들으며 길을 나설 때 우리 인생은 가장 안전하며 최고의 만족을 주는 삶이 될 것입니다.

우리는 하나님을 경외하기 때문에 그 분의 명령에 순종합니다. 우리가 순종하면 작품을 완성해 가시는 하나님의 일에 친밀하게 동참하게 될 것입니다.

그렇다면, 과연 하나님께서 명하시는 것은 무엇일까요? 예수님은 다음과 같이 확실하게 말씀하셨습니다. 「네 이웃을 네 자신같이 사랑하라.」(눅10:27)

예수님은 우리에게 영원한 생명을 주시려고, 자기를 비워 종이 되어 섬기셨고 마지막에는 생명까지 버리셨습니다 (빌2:5-11참조). 그리고 이와 같이 우리도 이웃을 사랑할 것을 하나님께서 명하셨습니다.

우리가 하나님의 음성을 듣는 이유는 근본적으로 나를 위한 것이 아니라 하나님과 이웃을 위한 것입니다. 하나님의 작품은 이웃을 섬기는 영으로 충만합니다.

하늘에 계신 아버지를 공경하고 그 분의 말씀에 순종하여 이웃을 사랑하는 것, 즉 「경천애인」의 삶을 실천하는 것, 그리고 나는 죽고「제자 양육자」를 키워내는 것이 제자 육성의 중심과제입니다.

「천외내(天外內)트레이닝」은 「경천애인」이라는 예수님의 가르침을 생활 가운데 적용하기 위한 트레이닝입니다. 회심 후 48시간 이내에 전도한 초신자가 자신의 삶의 영역에서 「경천애인」이라는 제자의 기본을 다른 누군가에게 가르치는 단계로 끌어 올리도록 하는 것을 목표로 하고 있습니다.

「천외내(天外內)」 의 「하늘(天)」 은 하나님과의 관계, 「밖(外)」은 세상과의 관계, 「안(内)」은 자기 자신과 동료들간의 관계를 표현하고 있습니다. 누구라도 기억할 수 있고, 또 간단히 다른 사람에게 전할 수 있도록 심플한 디자인을 모색했습니다.

이것은 다음 장에서 상세하게 설명하도록 하겠습니다.

우리는 하나님을 사랑하고, 또한 이웃을 사랑하도록 창조된「하나님의 작품」입니다. 전도한 양육자는 회심 직후의 초신자에게 「경천애인」의 삶을 가르치고, 그것을 생활 가운데 적용하도록 도울 수 있습니다.

여호와의
율법을 주야로
묵상하는도다

노.가.바(노래가사 바꿔
부르기)의 효용

새로운 가사를 소개합니다.

「까마귀 왜 우나-한글 번역에서는 '아리랑'의 운율에 맞춰 불러 보세요.

하늘나라 자녀되니 기쁨 넘치네, 하나님께 순종하여 어디든 가리

세상사람 섬김으로 복음전하리, 그리스도 성품 닮아 사랑전하리

십자가에 돌아가신 주 따라 살면, 자자손손 제자들로 넘~쳐나리

이 노래는 간단한 율동도 있어서 트레이닝 참가자가 처음 세션에서 노래와 율동을 함께 배우게 됩니다. 배운 적도 없는 세 살짜리 아이가 자연스레 듣고 외우고 율동까지 할 수 있을 정도로 매우 간단하기 때문에 누구든지 기억할 수 있습니다. 어떤 성도는 이 노래가 좋아서 아침에 일어나면 제일 먼저 이 노래로 하루의 일과를 시작한다는 얘기도 들었습니다.

노래 가사에는 천외내(天外内)트레이닝의 에센스가 집약되어 있습니다. 짧은 가사를 기억하면 트레이닝 전체를 파악할 수 있고, 언제든지 노래하며 복습할 수

있습니다. 이처럼 간단한 언어와 이미지를 끊임없이 반복하면서 주의를 집중하는 것이 본 트레이닝이 겨냥하는 첫 번째 목적입니다.

다른 나라에서 트레이닝을 하는 경우에는 그 지역 사람들이 잘 아는 노래를 선곡하여 가사를 바꿔서 부르면 됩니다. 작년에 어느 지역에 방문했을 때도 현지에서 널리 유포된 민요에 가사를 적용해서 참가자 전원이 함께 노래를 불렀습니다.

참가자 중 한 분은 트레이닝을 마치고 고향에 돌아간 후, 새벽 3시가 되면 어김없이 깨어나서 이 노래를 불렀다고 합니다. 그러자 주변 사람들이 그의 노래를 듣는 중에 의문이 생겼답니다. 멜로디는 굉장히 익숙한데 가사가 생소했기 때문입니다. 그래서 새로운 노래 가사에 대해 질문하기 시작했습니다. 그 때 가사의 의미를 설명하면서 자연스럽게 예수님을 전하게 됐고 영접하는 사람들이 여기저기에서 일어나 약 3개월 반 만에 50여명이 예수님을 구주로 영접했다고 합니다.

심플하게, 그리고 짧게

성경의 가르침 중에서 가장 중요한 교훈은 「마음을 다하고 뜻을 다하고 힘을 다하여 네 하나님 여호와를 사랑하라」(신6:5)인데, 이 말씀을 어떻게 실행할 것인지에 대해 설명하겠습니다.

「오늘 내가 네게 명하는 이 말씀을 너는 마음에 새기고 네 자녀에게 부지런히 가르치며 집에 앉았을 때에든지 길을 갈 때에든지 누워 있을 때에든지 일어날 때에든지 이 말씀을 강론할 것이며 너는 또 그것을 네 손목에 매어 기호를 삼으며 네 미간에 붙여 표로 삼고 또 네 집 문설주와 바깥 문에 기록할지니라.」(신6:6-9)

손에 매어 두는 끈이나 문설주에 새겨놓은 말씀은 반복적으로 주의를 집중하기 위한 장치입니다. 이들은 단순해서 금방 기억에서 떠올릴 수 있는 도구입니다.

「올바른 정보를 전달해 주기만 하면 그것을 실천한다」는 이론은 현실과 동떨어진 통념에 불과합니다. 반복적으로 주의를 집중하는 착실한 실천을 쌓아 올림으로써 하나님을 사랑하는 삶이 자연스럽게 나타나고 생활에 뿌리를 내리게 됩니다. 기억이 행동양식으로 정착되기 위해 그 새로운 통찰에 충분히 주의를 기울이는 노력이 불가피합니다 .[4]

야고보는 이러한 점에 대해 통찰력 있는 설명을 해주고 있습니다.

「누구든지 말씀을 듣고 행하지 아니하면 그는 거울로 자기 생긴 얼굴을 보는 사람과 같아서 제 자신을 보고 가서 그 모습이 어떠했는지를 곧 잊어버리거니와 자유롭게 하는 온전한 율법을 들여다보고 있는 자는 듣고 잊어버리는 자가 아니요 실천하는 자니 이 사람은 그 행하는 일에 복을 받으리라.」(약1:23-25)

시간을 들여 정성스럽게 화장을 하는 사람도 심각한 자의식 과잉이 아닌 이상, 평상시에는 자기 얼굴에 별로 신경을 쓰지 않습니다. 이와 마찬가지로 소위, 거울 앞에 앉아 있는 것과 같은 「특별한 시간」 이외의 「보통 시간」에도 말씀을 집중하여 바라보고, 그것에 붙어있으려고 노력하지 않는 사람은 아무리 정성껏 가르치고 배워도 듣는 순간부터 한쪽 귀로 빠져나가 말씀을 생활에 적용하기 어렵습니다.

시편 기자는 주의 율법을 실천하는 사람에 대해 다음과 같이 묘사하고 있습니다. 「오직 여호와의 율법을 즐거워하여 그의 율법을 주야로 묵상하는 자로다」(시1:2) 항상 주야로 묵상하기 위한 간단하고 친근한 율법의 패키지가 필요한 것입니다.

간단한 것이면 타인에게 쉽게 가르칠 수 있습니다. 가르치려고 의도하지 않더라도 노래를 듣고 암기한 사람이 나올 것입니다. 아이들에게도 중요한 것을

4   Rock, David *Quiet Leadership: Six Steps to Transforming Performance at Work*. New York, NY: Collins, 2006.

단시간에 전할 수 있게 됩니다. 한편, 전달하는 내용을 간단하게 유지하는 노력을 게을리 한다면, 교육 체계는 방대해지고, 특별한 일부의 사람이 시간을 들여서 가르치지 않는 한 원활하게 전달되지 않을 것입니다.

「내가 오늘 네게 명령한 이 명령은 네게 어려운 것도 아니요 먼 것도 아니라. 하늘에 있는 것이 아니니 네가 이르기를 『누가 우리를 위하여 하늘에 올라가 그의 명령을 우리에게로 가지고 와서 우리에게 들려 행하게 하랴』 할 것이 아니요 이것이 바다 밖에 있는 것이 아니니 네가 이르기를 『누가 우리를 위하여 바다를 건너가서 그의 명령을 우리에게로 가지고 와서 우리에게 들려 행하게 하랴』 할 것도 아니라. 오직 그 말씀이 네게 매우 가까워서 네 입에 있으며 네 마음에 있은즉 네가 이를 행할 수 있느니라.」 (신30:11-14)

예수님의 교훈은 어려운 것이 아닙니다. 오랜 시간 수양을 쌓은 「달인」만 실행할 수 있는 것도 아닙니다. 누구든지 성경을 통해 배울 수 있습니다. 누구든지 그것을 마음에 품고 맛볼 수 있습니다. 누구든지 하나님께 순종하는 일상을 완성하고 제자를 양육할 수 있다는 것입니다.

KISS - Keep It Simple and Short (심플하게, 그리고 짧게) 는 이 운동을 지속시키고자 만든 합성어입니다.

프랙탈 구조

그리고, 이 패키지는 「프랙탈(Fractal)」구조를 적용하면 효과적입니다. 프랙탈이란 어떤 미세한 부분을 보더라도 전체와 같은 구조를 나타내는 도형을 말합니다. 자기자신의 미니어처가 그대로 그 속에 녹아 들어가

있는 듯한 도형으로 어느 부분을 확대해도 전체 구조와 동일합니다.[5]

이 트레이닝의 경우, 앞에서 소개한 노래는 심플한 신학을 표현하고 있는데, 노래를 암기한 뒤에 배우는 QT, Accountability Group (설명과 책임을 함께 갖는 그룹-이하 책임그룹이라 한다.) 등의 실천, 더 나아가서는 리더 육성에 이르기까지, 가급적 기본구조를 통일화하고 있습니다. 이것은 예수님께 순종하고자 말씀에 귀를 기울일 때, 상황이 변하더라도 동일한 구조를 기억해 냄으로써 보다 포괄적으로 이해할 수 있게 되기 때문입니다.

여기에서 잠시 프랙탈 구조에 대한 예를 들어보겠습니다. 천외내(天外内) 트레이닝 에서는 하나님과 서로에 대해 「질문」을 하면서 대답하는 형식을 채택하고 있습니다. 질문은 크게 3가지 영역으로 나눌 수 있는데, 이에 관해 다음 장에서 설명하겠지만, 핵심적인 몇 가지 일에 주의를 기울일 수 있도록 설계되어 있습니다.

예를 들어 아침 큐티 시간에 「오늘은 누구에게, 어떤 방법과, 어떤 말로 복음을 전하면 좋을까요?」라고 하나님께 질문을 하곤 하는데, 1주일에 한번 모이는 소그룹에서도 멤버들과 이와 비슷한 질문을 나눕니다. 즉「이번 주에는 누구에게 복음을 전할까요?」라고 질문합니다.

그리고 리더에 대한 코칭을 할 때도 같은 질문을 리더들에게 던집니다. 예를 들어, 「불신자 기족이 구원을 받기 위해, 교회로서 대응할 수 있는 방법은 무엇일까요?」 혹은「당신이 지도하고 있는 사람이 지속적으로 복음을 힘있게 전할 수 있도록 어떤 도움을 주면 좋을까요?」등입니다.

이처럼 "외부에 복음을 전한다"는 과제에 대응하기 위해, 매일의 큐티와 매주 소그룹을 통한 책임그룹의

5   키시 요시히로(岸義紘) 「JTJ이야기4」 『JTJ뉴스』 JTJ 선교신학교, 2005년 6월 http://www.jesustojapan.com/jtjstory/jtjstory4.html (accessed April 09, 2010)

나눔, 그리고 매달 코칭을 통해 반복적으로 이 과제를 의식하고 새겨주는 구조를 만들었습니다.

물론, 잘 준비된 프리젠테이션이나 활력 넘치는 워크숍 (참가형 강습회) 에서 청중에게 일시적인 동기를 부여할 수 있습니다. 그러나 거울에서 눈을 뗀 순간 자신의 얼굴을 잊어버리는 것과 마찬가지로 사람들은 곧바로 내용을 잊어버리기 십상입니다. 설교자나 세미나 강사가 아무리 열띤 강의를 해도, 삶의 변화를 갈망하지 않는 사람들을 보면 한탄스러운 마음과 함께, 자신 스스로를 책망하게 될 것입니다.

일상생활에서 참으로 소중한 것이 무엇인지 끊임없이 의식하도록 「조직」을 세움으로써 말씀을 지속적으로 실행하느냐 마느냐의 갈림길을 인식하게 되는 것입니다.

그렇다면, "심플"과 "프랙탈 구조"가 하나님의 뜻을 실천하기 위해 유익하다는 전제 하에 다음과 같은 질문을 해보겠습니다.

「이것만 주어진다면 새로운 움직임이 일어날까요?」

대답은 「아니요」입니다.

여기에서 오해에 주의해야 할 점은 구조 자체가 생명을 생산하는 것이 아니라는 것입니다. 오직 생명만이 구조를 생산해낼 수 있습니다. 「나는 심었고 아볼로는 물을 주었으되 오직 하나님께서 자라나게 하셨나니」(고전3:6)

만약, 품종이나 기후를 고려한 최적의 구조로 이루어진 포도 지지대를 만든다면, 포도는 잘 자랄 것입니다. 그러나 이 포도 지지대가 성장을 촉진할 수는 있어도, 자손을 생산해 낼 수 없습니다. 생명을 생산할 수 있는 것은 생명뿐입니다.

하나님이 성령의 바람을 불어주시면 교회는 돛을 단 배처럼 바람을 타고 앞으로 나아갈 수 있습니다. 천외내 (天外內)트레이닝은 이 바람에 사로잡히기 위해 돛을 올리는 시행착오를 하던 중에 구체적인 형태를 구축할 수 있도록 주께서 친히 가르치시고 인도해 주셨습니다. 그리고 트레이닝을 거듭할수록 형태는 끊임없이 진화되고 있습니다.

성령의 바람이 불어와 전 세계를 위한 제자화에 동참하게 해주셨다고 고백하는 강한 목마름을 가진 사람들과 함께 이 항해를 지속하는 것! 이것이 바로 나의 바램입니다.

주야로 묵상할 수 있을 만큼 심플하고 단순한 교훈에 끊임없이 귀를 기울일 때, 주님의 뜻을 실천할 수 있습니다.

여호와의 율법을 주야로 묵상하는도다

천내외가
아닌천외내

외부보다 먼저 내부인가?

비행기를 타고 가는 도중에 상공에서 기내 기압이 떨어지면 천정에서 자동적으로 산소마스크가 내려옵니다. 그 때, 동승한 아이보다 먼저 내가 산소호흡기를 착용하는 것이 맞습니다. 갑작스런 감압에 의해 20초 정도 기절할 가능성이 높고, 내 자신이 쓰러져버리면 주변 사람들을 도울 수 없기 때문입니다.

10년 전만 하더라도 이러한 사례를 예로 들면서, "그렇기 때문에 먼저 사역자 자신이 양육을 받아야 한다" 하고 가르쳤습니다. 업적지향적이며 완벽주의자로서 일 중독의 기미가 다분한 분들에게 정기적으로 사역의 장을 떠나 하나님과 독대하고 가족이나 친구, 자연과의 교제를 누리며, 심신을 쉬게 하는 시간을 확보하도록 권면했습니다.

예수님도 「나를 믿는 자는 성경에 이름과 같이 그 배에서 생수의 강이 흘러 나오리라」 (요7:38) 고 말씀하셨습니다. 이것은 먼저 내 깊은 내면이 축복을 받았을 때 그 결과로서 자신의 축복을 밖으로 흘려보낼 수 있다는 순서에 대해 말하고 있습니다. 내 자신이 목 마른 상태에서 다른 사람의 목마름을 해갈해줄 수 없다는 말입니다.

이와 같이 「바깥 보다는 내면이 우선」이라고 생각했기 때문에, 초창기의 순서는 「천(天)」「외(外)」「내(內)」가 아닌, 「천(天)」「내(內)」「외(外)」였고,

「내(內)」가 「외(外)」보다 먼저 나오는 명칭을 사용했습니다. 그런데 지금은 「내(內)」보다 「외(外)」를 앞세워서 천외내 (天外內) 트레이닝을 진행하고 있습니다.

왜냐하면 예수님을 믿기 시작한 초신자에게 「당신은 먼저 치유를 받고, 거룩해져야 하며, 성숙함과 성령의 충만함을 받아야 합니다」라고 가르치면 내면에만 신경을 쓰느라 안으로 숨어버리는 「습관」이 생겨버리기 때문입니다.

치유나 거룩함 그리고 성숙은 하루 아침에 완성되는 것이 아닙니다. 평생에 걸쳐 이 문제를 다루면서 식물과 열매를 맺기까지 자신의 내면에 조금씩 형성되어 가는 것입니다. 따라서 어떤 목표점에 도달하기까지 기다리고만 있다면 나서야 할 타이밍을 놓쳐버리기 쉽습니다.

또한 「충만하다」는 느낌은 매우 주관적인 감각이므로 「어느 정도 충만하면 충분한 것인지」에 대한 기준이 명확하기 않기 때문에, 언제까지나 불안정한 감정에 시달릴 가능성이 높습니다.

믿자마자 전하기 시작하다

사마리아 여인은 예수님과 짧은 대화를 나눈 후 곧바로 마을 사람들에게 전하러 갔습니다 (요4:3-42 참조) . 그녀가 십자가와 부활을 전한 것은 아닙니다. 「저 분은 내가 행한 모든 일을 내게 말했다」고 전하고 다녔습니다. 예수님께서는 그 날 처음 만난 이방 여성을 한 마을의 구원이라는 큰 사역을 위해 사용하셨습니다.

"군대"라고 불리던 악한 귀신이 들린 거라사 지역의 한 남자는 고침을 받은 직후에 자신의 고향에 전도자로 파송을 받았습니다 (눅8:28-39참조) . 예수님은 「먼저 내 가방을 들고 따라다니면서, 학문과 덕행을 쌓고, 올바른 교리와 고도의 스킬을 배우라. 그 후에 "

교회 개척전문 정예팀"을 조직해서 너와 함께 고향으로 파송하겠다」라고 말씀하지 않으셨습니다.

오히려, 예수님과 함께 있기를 간곡히 바라는 그에게「집으로 돌아가 하나님이 네게 어떻게 큰 일을 행하셨는지 말하라」고 명하셨습니다. 갓 구원받은 미성숙한 사람이라 할지라도 하나님의 나라를 위해 공헌할 수 있습니다. 예수님을 믿는 순간부터 이 질그릇에「심히 큰 능력」(고후4:7) 이 담겨지기 때문입니다.

예를 들어, 마음이 연약할 때 「하나님이 우리에게 주신 것은 두려워하는 마음이 아니요 오직 능력과 사랑과 절제하는 마음이니」(딤후1:7) 라는 성경 말씀으로 격려를 받은 경험이 있을 것입니다. 이 때, 「하나님 저는 두려워하고 있지만, 능력과 사랑과 절제하는 영을 부어주십시오」라고 기도한다면 이것은 과녁을 빗나간 기도입니다. 왜냐하면「능력과 사랑과 절제하는 영」은 앞으로 받게 될 것이 아니라 이미 주어졌기 때문입니다.

제가 아내에게 프로즈를 할 당시, 지갑에는 300엔 (약 3500원)밖에 없었습니다. 값싼 아파트를 마련하긴 했지만, 제가 구매한 것은 아무것도 없었습니다. 아내가 많은 물건들을 가져왔습니다. 그러나 이것은 결혼한 날부터 단지 아내의 소유물이 아닌 부부의 소유가 됐습니다.

그와 동일한 일이 예수님을 믿은 우리에게 일어났습니다. 회심한 순간, 우리는 「그리스도와 공동 상속인」(롬8:17, 갈4:1참조) 이 됐습니다. 우리는 마치「남편과 아내」(엡5:32 참조) 와 같이, 그리고「포도나무와 가지」(요15:5참조) 와 같이, 더 나아가서는 「머리와 몸」(골1:18참조) 과 같이 그리스도와 연합한 것입니다.

예수님을 믿고 성령이 인치실 때「세계나 생명이나 사망이나 지금 것이나 장래 것이나 다 너희의 것이요」 (고전3:22) 이 모든 것이 우리의 소유가 되었습니다. 이렇게 큰 은혜를 신앙생활의 출발점부터 값없이 허락해주시다니, 도대체 우리는 어떤 존재란 말입니까? 그것은 오직 예수님의 십자가 구속의 은혜인 것입니다.

그렇다면, 이 은혜를 받은 우리가 마음 속 깊은 곳에서 넘치는 생명수를 흘려 보내는 상태는 언제부터일까요? 성숙해지고 거룩해진 후에 가능한 것일까요? 사실은 이 지속적으로 넘쳐흐르는 상태야말로 영적 자녀를 품은 모든 성도들의 리얼리티인 것입니다.

그리고 이 사실을 인정하는 것이 믿음입니다.

그리스도와 연합한 사람은 모두「그리스도로 옷 입었다」(갈3:27) 라고 했습니다. 이 확신가운데 서서 「가서 모든 민족을 제자로 삼아」(마28:19) 나아가는「외부 지향적」사역에 임할 때, 고난을 통해서 우리의「내면」이 그리스도를 닮은 모습으로 변화됩니다.

트레이닝의 기본구조

그렇다면 천(天), 외(外), 내(內)의 순서로 트레이닝의 기본구조를 설명해 보겠습니다.

먼저, 인간은 3종류의 사랑의 관계로 살아가는 존재입니다. 이것은 하나님과의 관계, 세계와의 관계, 자기자신과 성도간의 관계입니다. 각각을 「천(天)」, 「외(外)」, 「내(內)」의 3가지 한자로 표현합니다.

사람 인(人)이라는 한자를 보면 위쪽과 왼쪽 아래, 그리고 오른쪽 아래에 총 3곳의 출입구가 있습니다. 위는 「하늘(天)」, 왼쪽 아래는「외(外)」, 오른쪽 아래는 「내(內)」 라는 한자를 기입해 봅시다.

사람 인(人)자를 쓰려고 하면, 먼저 위쪽(天)에 펜을 대고 긋습니다. 인간이 맺는 3종류의 관계 중에 가장 중요한 것은 하나님과 맺는 사랑의 관계입니다.

인간은 하나님을 향한 사랑을 2가지 방법으로 표현합니다.

첫 번째는 변함없는 하나님의 사랑을 기뻐하는 것입니다. 하나님은 예수님이라는 최고의 선물을 보내주셨습니다. 선물의 주인 되시는 하나님께 매일 최고의 기쁨과 감사를 올려드리는 것은 사랑의 표현인 것입니다.

「우리의 시민권은 하늘에 있는지라.」(빌3:20)

호적등본의 이름은 설령 중죄를 범했을지라도 지워지거나 희미해지는 것이 아닙니다. 하나님은 내 상황과 상관없이 나를 기억하시고「너는 내 것이라」고 말씀하십니다. 따라서 어떠한 경우에도「이름이 하늘에 기록된 것」(눅10:20) 에 대해, 즉 하나님의 변함없는 사랑을 기뻐할 수 있는 것입니다.

두 번째 사랑의 표현은 순종하는 것입니다. 예수님께서 말씀하셨습니다.「사람이 나를 사랑하면 내 말을 지키리니」(요14:23) 선한 목자되신 예수님께서 어린 양과 같은 우리에게 매일 말씀해 주십니다. 그 음성을 듣고 따르는 것은 하나님을 사랑하는 표현이 됩니다. 그리고 하나님을 기뻐하고 그 분을 따를 때, 하나님의 뜻을 참으로 깨닫게 됩니다.

하나님의 뜻은「모든 사람이 구원을 받으며 진리를 아는」(딤전2:4) 것 입니다. 긍휼이 많으신 하나님께서는 모든 민족을 품에 안아주기를 원하십니다. 그렇기 때문에 예수님의 제자들은 밖으로 나가서 「목자 없는 양과 같이 고생하여 기진한」 (마9:36) 사람들에게 참 목자를 소개하는 것입니다. 종의 모습으로 사람들을 섬기고 담대하게 복음을 증거합니다.

한자의 사람 인(人)은「하늘(天)」의 위치에서 왼쪽 아래로 내려와서 「외(外)」즉, 세상을 향해 나아갑니다.

「세상을 이처럼 사랑하사 독생자를 주셨으니」(요 3:16) 하나님의 마음을 내 마음에 받아 세상을 향해 나아갈 때,「약한 것들과 능욕과 궁핍과 박해와 곤고를 기뻐」(고후12:10) 할 수 있습니다. 그러나 고난 중에도 변함없는 하나님의 사랑을 기뻐하고 하나님의 음성을

청년사역가 아버지학교

따르는 생활을 지속할 때 「환란은 인내를, 인내는 연단을, 연단은 소망을 이루는 줄 앎이로다」(롬5:4) 의 말씀을 이루게 됩니다.

외부를 향해 끝을 치켜 올린 붓이「하늘(天)」을 향해 공중으로 뻗어 나가다가 중앙에서 멈춘 뒤, 오른쪽 아래의 「내(內)」를 향해 진행하는 것은 고난 중에 하나님과 친밀하게 교제하고 하나님께 복종할 때 그리스도의 온화하고 겸손한 성품이 「내면(內)」에 머물게 되는 것을 표현하고 있습니다.

내가 달라지면 주변 인간관계도 달라집니다. 신적 성품으로의 변화란 주안에 있는 형제자매를 사랑하는 것이 전제가 됩니다. 「내(內)」는 성도 개인으로서 내면의 충실과 그에 동반되는 공동체 「내부」 사람들에게 나타나는 사랑의 양면성을 표현하고 있습니다.

그리고 사람 인(人)의 글자에는 우측 아래로 마냥 뻗어 내려가지 않고 멈춰 서서 마지막 필체가 왼쪽을 향해 꺾이는 방법을 사용합니다. 이「외(外)」로 향한 날개는「너희가 서로 사랑하면 이로써 모든 사람이 내 제자인 줄 알리라」 (요13:35) 와 같이 내부에서부터 선교를 향한 모션을 드러내고 있습니다.

모든 사람이 구원받기 원하시는 하나님의 마음을 알고 (하늘(天)) , 참 목자를 소개하기 위해 밖으로 나아갈 때 (외(外)) , 고난은 있지만 이를 통해 그리스도의 성품으로 변화됩니다 (내(內)) .

기뻐하는 연습

주 안에서 기뻐하라

「주 안에서 기뻐하라. 너희에게 같은 말을 쓰는 것이 내게는 수고로움이 없고 너희에게는 안전하니라.」(빌3:1)

이 말씀은 바울이 빌립보 교회에 보낸 편지의 일부로써 옥중에서 보내온 것입니다. 바울이 수감되어 있는 동안 감옥 너머에서는 실로 다양한 문제가 생겼습니다.

그 중 한 가지는「범 없는 골에 토끼가 범 노릇한다」는 속담처럼 바울의 대적이 세력을 확장시킨 것이었습니다. 자세한 내용은 잘 모르더라도「그들이 다 자기 일을 구하고」(빌2:21)와 같이 표현할 수 밖에 없는 상황이었던 것 같습니다. 교회 외부에서는 악한 자들의 침입이 있었고, 내부에서는 지도자와 여성 성도들 간의 대립이 일어났습니다. 설상가상으로 바울의 동역자였던 한 사람이 죽음 위기의 질병 에 걸렸습니다.

그러나 산적한 문제들 가운데 그는 반복해서「주 안에서 기뻐하라」고 권면합니다.「모든 일을 원망과 시비가 없이 하라」(빌2:14). 이렇게 하면 비난 받을 일이 없이 순진한 자가 되어 세상에서 빛으로 나타나게 될 것이라고 설득하면서 그들을 격려했습니다. 총 4장으로 이루어진 짧은 편지이지만, 그 가운데 무려 16차례나「기쁨」이라는 단어를 기록하고 있습니다.

그러면「주 안에서 기뻐하라」의 의미는 무엇일까요? 그것은 주님과 연합하여 친밀한 관계 가운데 들어간 상태, 또한 그러한 관계로 초청해주신 주님 그분 자체를 기뻐하는 것입니다.

성경은 주님과 우리의 연합에 대해 다양한 비유를 들어 표현했습니다. 예를 들면「마치 신랑이 신부를 기뻐하는 것과 같이 네 하나님이 기뻐하시리라」(사 62:5) 라는 말씀이 있습니다.「남편을 위해 단장한 신부」 (계21:2) 가 버진 로드(virgin road)를 따라 한 걸음씩 자기를 향해 걸어오는 것을 바라보는 신랑의 마음을 상상해 보십시오.

예수님께서는「솔직히 말해서 예쁜 구석은 하나도 없지만 요즘 열심히 하는 것 같으니 봐 주겠다」라는 심정으로 우리를 바라보고 계실까요. 그렇지 않습니다. 주님께서는 우리의 존재를 신랑이 신부를 보고 기뻐하는 것처럼 좋아하시고 사랑스러워하십니다.

이 넘쳐흐르는 감정, 가슴에 울리는 긍휼이 성경에 다분히 표현되어 있습니다. 예를 들어「내가 그를 자주 책망해 말하지만 아직도 그를 기억한다. 그러므로 내 창자가 그로 인해 고통을 받으니 내가 분명 그를 긍휼히 여길 것이다」(우리말성경 31:20) 등의 말씀은 바로 주님의 마음입니다.

또한 「여인이 어찌 그 젖 먹는 자식을 잊겠으며 자기 태에서 난 아들을 긍휼히 여기지 않겠느냐 그들은 혹시 잊을지라도 나는 너를 잊지 아니할 것이라」 (사49:15) 라는 말씀도 있습니다. "태동이 느껴진다!"고 기쁨의 탄성을 높이며 배를 매만지는 임산부들의 미소를 상상해보십시오.

설사 어미가 자식을 잊어버린다고 하더라도 하나님은 잊지 않겠다고 말씀하십니다. 주께서는 우리가 「잠들어 있는 사이」(시127:2) 에도 우리의 이런 저런 일들에 대해 생각해주십니다. 우리를 향한 하나님의 생각이 얼마나 크고 깊으신지 일찍이 시편기자는 「세려고 할지라도 그 수가 모래보다 많도소이다.」(시139:18) 라고 고백했습니다.

여기에서 주님과의 연합은 영원한 것입니다. 이는 「우리의 시민권은 하늘에 있는지라.」(빌3:20) 라는 말씀에서 확언하고 있습니다. 특히, 이스라엘의 마을과 동리에 둘 씩 짝을 지어 파송된 제자들이 미션의 대성공을 거두고 기뻐하며 돌아와서 예수님께 보고한 내용을 살펴보면 잘 알 수 있습니다 (눅10:17참조) . 이때 예수님께서 제자들에게 말씀하셨습니다. 「귀신들이 너희에게 항복하는 것으로 기뻐하지 말고 너희 이름이 하늘에 기록된 것으로 기뻐하라」 (눅10:20)

이름이 하늘에 기록되었다는 것은 하나님께서「생명책」 (계20:15) 에 나를 등록하시고, 「결코 너희를 버리지 아니하고 너희를 떠나지 아니하리라.」 (히13:5) 라고 선언하셨다는 의미입니다. 미션의 성공은 어디까지나 영적 사실이 지상에 있어서 나타나는 작은 현상에 불과합니다.

귀신이 항복하는 일, 죽은 자가 살아나는 일, 광범위한 지역에서 대규모의 놀라운 변화가 일어나는 일보다도 우리가 진실로 기뻐해야 할 이유는 우리의 이름이 하늘에 기록되어 있기 때문입니다.

기뻐하는 것은 명령

그런데 「주 안에서 기뻐하라」라는 말은 명령어로 기록되었습니다. 따라서「만약 기뻐할 만한 상황이라면 기뻐하는 쪽이 뇌 활성화에도 좋고 면역력도 높아지며 마음도 명랑해지니까 좋은 거 아냐?」라고 부드럽게 권유하는 것이 아닙니다. 왕의 왕 되시는 분께서 「기뻐하라!」고 명령하고 계십니다.

기뻐할 만한 일이 생겼을 때 기뻐하는 것은 당연하기 때문에 굳이 명령까지 하실 필요는 없었습니다. 그러나 기뻐할 수 없는 상황에 놓일 때도 왕께서 「기뻐하라」고 명령하셨기 때문에 기뻐하는 것, 이것이 믿음에 기초한 순종의 행위입니다.

예를 들면, 예수님은 손 마른 자에게 「손을 내밀라」 (마12:13) 고 명하셨습니다. 이 사람은 과거에 "손을 쭉 뻗을 수만 있다면 얼마나 좋을까" 생각하고 손을 내밀어보는 시도를 해봤지만 마음대로 되지 않았습니다. 그런 절망적인 경험을 수없이 반복하며 실패했을 그가 이 때만큼은 다시 한번 손을 내밀어봐야겠다고 결단했습니다. 다른 누구도 아닌 바로 예수님께서 「손을 내밀라」라고 말씀하셨기 때문에 분명히 치유해주실 것이라고 믿었던 것입니다.

마찬가지로 주께서는 우리에게 「나로 말미암아 너희를 욕하고 박해하고 거짓으로 너희를 거슬러 모든 악한 말을 할 때에는 너희에게 복이 있나니 기뻐하고 즐거워하라 하늘에서 너희의 상이 큼이라…」(마5:11-12) 라고 말씀하셨습니다.

시련과 고난 중에도 자기변명이나 보복을 시도하지 않고, 예수님께서 「기뻐하라」고 말씀하셨기 때문에 기뻐하는 것입니다. 그냥 기뻐하는 것이 아니라 너무 기뻐서 춤을 출 만큼 즐거워해보십시오. 그 때 하늘의 상급을 주시는 하늘 아버지를 더욱 알게 될 것입니다.

우리는 눈에 보이는 상황이 어떠하든지 믿음의 눈으로 십자가에 달리신 그리스도를 바라보고, 그리스도의 영광에 참예하게 하시는 하나님 아버지를 소망가운데 바라봄으로써 기뻐할 수 있습니다 (벧전4:12,13참조). 어떤 상황 속에서도 예수님과 단단한 띠로 연결되었음을 인정하고 의로우신 재판장께 심판을 맡겨드릴 때 「모든 것이 합력하여 선을 이루느니라.」(롬8:28) 라고 약속해주셨습니다.

내 기분이나 감정에 의존하지 않고, 의지를 일으켜서 자신을 복종시키며, 항상 기뻐하겠다는 마음을 결단해봅시다 (살전5:16참조).

기쁨을 표현하는 일과

바울은 「육체의 연단은 약간의 유익이 있으나 경건은 범사에 유익하니 금생과 내생에 약속이 있느니라.」(딤전4:8) 라고 젊은 디모데에게 교훈하고 있습니다.

예를 들어 스트레치는 육체를 단련하는 방법의 일종입니다. 처음에는 번거로운 일처럼 느껴져도

46

매일 지속하다 보면 1달 후에는 놀랄 만큼 신체가 유연해집니다. 이와 마찬가지로 매일 아침 자신의 이름이 하늘 생명책에 기록되어 있음을 기뻐하는 연습을 하게 될 때, 자연스럽게 기뻐하며 사는 생활모드가 정착될 것입니다.

다윗은 자신의 영혼을 향해 선포하고 경건 훈련을 했습니다. 「내 영혼아 여호와를 송축하라. 내 속에 있는 것들아 다 그의 거룩한 이름을 송축하라. 내 영혼아 여호와를 송축하며 그의 모든 은택을 잊지 말지어다」(시103:1-2)

사역자 중 나카노 유이치로 목사님은 다윗의 훈련을 자신의 일과에 적용하며 하루를 보냅니다. 매일 거울 앞에서 큰 소리로「기뻐하라! 더 기뻐하라! 최고로 기뻐하라!」하고 선포한다고 합니다.[6]

그래서 나도 선배 목사님을 본받아, 아침에 일어나면 곧바로 하늘 생명책에 내 이름이 기록돼있다는 기쁨의 표현을 조금 과장된 기분으로 하게 됐습니다. 이 일과는 딱딱하게 굳어버린 근육을 풀어주는 스트레치와 비슷합니다. 이것을 지속하는 중에 놀랍게도 기쁨이 용솟음치듯 샘솟는 것을 경험했습니다.

어느 여성이 매일 밤 똑같은 악몽에 시달렸습니다.

꿈 속에서 그녀는 홀로 넓은 들판에 서 있었습니다. 한참을 서 있다가「이곳에서 어디로 가는 걸까. 죽으면 어떻게 되는 걸끼」히고 고민하게 됐습니다. 그러자, 너무 두려운 나머지 잠에서 깨어났고, 더 이상 잠을 이룰 수 없었습니다.

그런데 트레이닝을 받은 후, 아침에 일어나면 곧바로 하늘 생명책에 자신의 이름이 기록돼있음을 기뻐하는 연습을 시작한 그 날부터 단 한번도 악몽을 꾸지 않았고, 깊은 숙면을 취하게 됐다고 합니다. 그리고 장래에 대한 불안과 죽음의 공포로부터 해방됐습니다. 그 후, 곧바로

6   Neil Cole, *Organic Church: Growing Faith Where Life Happens*. San Francisco, CA: Jossey-Bass, 2005. pp.128-129.

그녀의 전도를 통해, 가까운 지인이 예수님을 영접하게 됐다고 합니다. 이 간증을 하는 그녀의 얼굴은 해처럼 빛나고 있었습니다.

천외내(天外內)트레이닝에서는 먼저 노래를 암기한 후 간단하게 큐티하는 방법을 배웁니다. 매일 아침에 일어나자마자 2가지의 일과를 수행함으로써 하나님과의 시간을 확보하기 위함입니다.

첫 번째 일과는 하나님께 기쁨을 표현하는 것입니다. 실제 트레이닝 세션 가운데 「나카노스타일 기쁨표현(中野式喜び表現)」 연습을 합니다. 그리고 1주일 후에 경과 보고를 하도록 지도합니다.

두 번째 일과는 하나님께 6가지의 질문을 함으로서 주님과 개인적으로 교제하는 것입니다. 이를 위해서는 하나님의 음성을 잘 분별해야 합니다. 다음 장에서 이에 관한 설명을 다루겠습니다.

무슨 일을 만나든지 예수님을 바라보고 기뻐하겠다는 「경건의 훈련」을 실천할 때, 기뻐하는 삶이 일상 가운데 자연스러운 리듬으로 바뀔 것입니다.

하나님의 음성을 분별하다

모든 사람이 들을 수 있다

최근에, 하나님의 음성을 들은 것은 언제인가요?

하나님의 음성을 듣는다는 것이 실제 우리의 귀로「육성」을 듣는 것을 의미하지 않습니다. 「마음에 심겨진 말씀을 온유함으로 받으라」(약1:21) 라고 말씀하신 것처럼 하나님은 우리 마음의 중심에 이미 말씀하고 계십니다. 그것을 받아들이는 것을「하나님의 음성을 듣는다」라고 표현합니다.

말씀을 듣고, 말씀 이외의 말은 엄격하게 분별하도록 힘을 다해 점검하고, 마음을 지킬 때「생명의 근원이 이에서 남이니라」(잠4:23) 의 말씀을 경험할 수 있습니다.

따라서, 하나님의 음성을 듣는 것은 나 자신의 성장과 우리에게 주신 사명을 수행하기 위한 아주 기본적인 스킬인 것입니다.

그렇다면, 언제 하나님의 음성을 들을 수 있을까요?

예수님은 「사람이 떡으로만 살 것이 아니요 하나님의 입으로부터 나오는 모든 말씀으로 살 것이라.」(마4:4) 라고 말씀하셨습니다. 하나님의 입에서「나오다」라는 언어는 말씀이 끊임없이「계속 나온다」라는 의미입니다.

예를 들어「구하라 그리하면 얻을 것이요」(마7:7) 라는 약속은 일생에 단 3번만 효력이 발생되는「요술」과 같은 것이 아닙니다. 「지속적으로 구하면 지속적으로 얻게 된다」라는 하나님의 변함없고 아름다운 마음이 표현되어 있는 것입니다.

그와 마찬가지로 「하나님의 입에서 말씀이 나온다」의 상태는 1주일에 1번, 리더를 통해 하나님의 마음이 대언되는 것만을 의미하지 않습니다. 하나님의 입에서 우리를 향한 말씀이 끊임없이 선포되고 있습니다. 하나님은 쉬지 않고 우리와 대화하기를 원하고 계십니다.

그런 하나님의 마음이 아가서 내용 중에 아름답게 표현되어 있습니다. 「바위 틈 낭떠러지 은밀한 곳에 있는 나의 비둘기야 내가 네 얼굴을 보게 하라 네 소리를 듣게 하라 네 소리는 부드럽고 네 얼굴은 아름답구나.」 (아2:14)

사이 좋은 가족이 모여서 오순도순 대화하는 것처럼 하나님은 우리와 항상 직접 대화하고 싶어하십니다. 이러한 인격적인 교제만이 우리를 살립니다.

하나님의 입에서는 끊임없이 말씀이 나오는데, 더욱이 이것이 자신을 살리는 말씀인데도 불구하고 우리는 매일 얼마나 이 부분을 놓치고 사는지 모릅니다.

그러면, 또 하나의 질문을 생각해 봅시다. 과연 누가 하나님의 음성을 들을 수 있을까요?

대게, 주님께서 당신을 따르는 사람들을 양에 비유하실 때가 많은데, 이 양은 우리를 칭찬하시기 위한 비유가 아닙니다. 양은 겁이 많고 무력한 동물입니다. 또한 소심해서 작은 개울을 스스로 건널 수 조차 없습니다. 물론 적을 공격하기 위한 날카로운 치아나 발톱도 없습니다. 심지어 도망가는 발도 느리고, 팀 안에서 수비태세를 취하지도 못합니다. 생존하기 위한 지혜나 전략, 주의력도 없습니다.

그런데, 그런 양에게도 한 가지 훌륭한 능력이 있습니다. 그것은 목자의 소리를 분별한다는 점입니다. 이것마저 불가능하다면 양은 생명을 유지할 수단이 없습니다.

선한 목자이신 예수님은「그가 자기 양의 이름을 각각 불러 인도하여 내느니라」 (요10:3) 라고 하십니다. 그리고 양으로 비유되는 모든 성도는 하나님의 음성을 분별할 수 있습니다. 내주하시는 성령님으로 인해, 모든 성도가 하나님의 말씀을 들을 수 있게 됐기 때문입니다 (행2:17,18참조) .

하나님의 음성을 분별하는 3가지 포인트

하나님의 음성을 분별하기 위한 첫 번째 포인트는, 말씀하시는 주님을 의식하며 그 분을 향해 마음을 기울이는 자세입니다.

하나님의 음성을 듣지 못하는 사람이 있다면, 그 사람은 하나님께서 개인적으로 매일 말씀하고 계시다는 것과 양이 목자의 음성을 들을 수 있다는 사실을 믿지 않을 가능성이 높습니다.

하나님께서 어린 사무엘을 처음에 부르셨을 때, 그는 깨닫지 못했습니다. 그러나 「말씀하옵소서. 종이 듣겠나이다」(삼상3:10) 라고 고백할 때 비로소 말씀을 듣게 됐습니다. 「하나님께서 언제나 말씀하고 계시며 내가 그 음성을 들을 수 있다」 라는 전제 하에 시도해 보십시오.

하나님의 음성을 분별하기 위한 두 번째 포인트는 실패를 두려워하지 않는 것입니다.

히브리서 5장 14절에「단단한 음식은 장성한 자의 것이니 그들은 지각을 사용함으로 연단을 받아 선악을 분별하는 자들이니라.」라는 말씀이 있습니다. 우유나 이유식 이외에 「단단한」영적 음식을 맛보기 위해서는 감각의 훈련이 필요합니다. 이것은 지적 훈련이 아닌 감각의 훈련인 것입니다.

처음 자전거에 올라타서 한번도 넘어지지 않고 씽씽 달리는 사람은 없을 것입니다. 자전거를 타기 위해 필요한 지식은 많지 않습니다. 안장에 다리를 걸고

정면을 바라보면서 앞을 향해 페달을 교차하면서 돌리는 정도겠지요. 문제는 지식이 아닌, 감각을 훈련하는 것입니다.

그렇다면 감각은 어떻게 훈련하면 좋을까요? 그것은 수없이 많은 실패를 통해서 습득하는 것입니다. 실패가 두려워서 타려고 시도하지 않는 사람은 아무리 자전거에 대해 공부를 해도 탈 수 없습니다. 실패를 두려워하지 않고 실패를 통해 배우는 과정 만이 감각을 훈련하는 척도입니다.

만약, 잘못 들었다고 깨닫게 되면「하나님 죄송해요. 제가 잘못 듣고 말았어요. 다음에는 실수하지 않게 도와주세요.」라고 기도하면 됩니다.

하나님의 음성을 분별하기 위한 3번째 포인트는 단계별로 과정을 밟는 것입니다.

주님은 가끔 「세미한 소리」(왕상19:12) 로 말씀하십니다. 그러나 다행스러운 것은 듣기 시작한 시점에서, 이미 대부분의 말씀은 마음 속에 있습니다. 「너희 안에서 행하시는 이는 하나님이시니 자기의 기쁘신 뜻을 위하여 너희에게 소원을 두고 행하게」(빌2:13) 하십니다.

마음 속에는 소원 외에도 두려움과 불안, 혼동과 초조함이 있습니다. 그러나 이런 것에 신경을 쓰면서 실망할 필요가 없습니다. 「만물보다 거짓되고 심히 부패한 것은 마음」(렘17:9) 이기 때문입니다. 따라서 오직 「하나님께서 우리 마음에 심겨주신 뜻이 무엇입니까?」하고 물어야 하는 것입니다.

처음에는 그것이 무엇인지 이해되지 않을 수도 있겠지요. 그러나 골몰하고만 있으면 연습에 도움이 되지 않습니다. 「이거였나?」라고 생각한 것을 꺼내 보고, 「하나님, 이것이 당신의 마음인 것 같은데 맞습니까?」라고 물어보십시오. 입 밖으로 소리를 내는 것도 좋은 연습의 하나입니다.

다음은 입 밖으로 소리를 내서 기도하고, 그 부분이 「주님과 합일된 마음인지 체크해보십시오. 다르다고 생각된다면 다 내려놓고 다시 시도하면 됩니다. 그리고 다시 한번 자신의 마음을 점검합니다. 「그렇다」고 생각되면 기록을 하거나 누군가에게 나눠보십시오. 그리고 마음의 동요가 있는지 살펴보십시오.

만약 「합일된 마음」이 있다면 「하나님 제가 이렇게 이해했습니다. 만약 이것이 옳다면 이제 무엇을 하면 좋겠습니까?」하고 기도하십시오. 그 때, 감각을 연마하여 「역풍」인지 「순풍」인지, 즉 하나님께서 그 판단을 지지하고 계시는지의 여부를 헤아려보십시오.

언제까지나 멀리서 지켜보기만 하는 것이 아니라 「들을 수 있다」고 믿고 이러한 "마음의 작업"을 반복하는 것이 중요합니다. 이 때 기도나 기록을 통해, 또는 대화를 나누거나 묵상하는 중에 「그런 것 같아」가 「분명히 그렇다」로, 더 나아가서는 「이것이 틀림없다」라는 확신으로 깊어질 것입니다.

인스트럭터(instructor)의 역할

트레이닝을 할 때, 1분간 묵상한 후 「지금 마음에 떠오르는 생각을 기록해 보십시오. 떠오른 한 단어를 적는 사이에 다음 단어가 주어지는 경우가 있습니다」 라고 말합니다. 그러면, 술술 적어내는 사람이 있는가 하면 한 마디에 멈춰 선 사람도 있습니다. 그렇지만 거의 대부분의 사람들이 무엇인가를 기록합니다. 그것이 바로 믿음의 첫 걸음입니다.

그 다음에 2,3인으로 조를 구성하여 서로 받은 생각을 나누고, 함께 기도합니다. 이 시점에서 과반수 이상의 사람들이 하나님의 인도하심을 받고 있다는 안정감을 갖게 됩니다.

만약 단거리라도 「몇 미터까지는 아니더라도 자전거를 타봤다」는 경험을 하면 그 후에는 혼자서 연습을 해보고 싶은 마음이 들겠지요. 이와 마찬가지로 안전한 환경 안에서 단호하게 내면의 말들을 의식화하는 즐거움을 맛보는 것은 중요합니다. 이것이 바로 트레이닝의 목적입니다.

이 연습은 야구 타자가 요행수를 노리면서 특정의 공이 날아오기를 기다리는 것과 비슷합니다. 예상했던 공이 날아와서 평소에 연습했던 스윙을 하고, 예상했던 히트를 칠 수 있다면 본인 스스로도 즐겁겠지요.

야구선수의 경우, 시리즈를 통해 3타석 중 평균 1회 정도 이런 일이 있으면, "3할 타자"로 불립니다. 나머지 2타석이 범퇴라고 해도 말입니다.

하나님의 음성을 듣는 연습을 시작할 때도 그 정도로 여유로운 마음으로 긴장을 풀고 담대하게 시도해보는 것이 좋습니다. 이렇게 연습을 지속하다 보면 확률은 반드시 향상됩니다.

하나님께서는 이러한 과정을 통해 우리가 보다 좋은 믿음의 싸움을 승리할 수 있도록 단련시켜주십니다. 주님은 「내 손을 가르쳐 싸우게 하시니 내 팔이 놋 활을 당기도다」(시18:34) 의 고백과 같이 행하시는 분입니다.

인스트럭터의 기본적 역할은 올바르게 듣는 방법을 가르침으로써 잘못을 고치는 것이 아닙니다. 하나님의 마음을 받고자 연습을 시작한 참가자를 인정해주는 것입니다. 우리가 긍정적인 요소에 주목하고 격려하게 되면 부정적인 요소는 자연스럽게 페이드아웃 됩니다.

신앙생활의 기초단계에서 하나님의 음성을 분별하는 연습을 시작했다면 그는 복된 사람입니다. 물론 아무리 연습을 하고 경험을 쌓아도 못 듣는 경우가 있지만 마냥 실수를 두려워하기만 한다면 차일 피일 미루다가 결국 아무것도 듣지 못하게 됩니다. 그러나 분명한 것은 우리는 모두 하나님과 연결된 존재이기 때문에 하나님의 음성을 들을 수 있습니다.

나와 매일 대화하고 싶다고 말씀하시는 분이 바로 예수님입니다. 우리의 마땅히 행할 바는 오직 용기를 내서 마음의 문을 여는 것 뿐입니다 (계3:20참조).
예수님께서 우리를 격려하시기 위해 분명히 이 첫 시도를
축복해주실 것입니다.

실패를 두려워하지 말고, 실패를 통해 배우겠다는
태도로 꾸준히 연습을 하다 보면 점점 명확하게 하나님의
음성을 듣게 될 것입니다.

아버지에 대한 질문

상호적 대화

내가 끼어들 틈은 주지 않고, 계속 본인 얘기만 하다가 용건이 마치면 재빨리 통화를 끝내는 전화를 받아 본 적이 있습니까? 나는 오랫동안 하나님께 이런 일방적인 기도를 올렸습니다.

내가 하고 싶은 말을 다 마치면 철커덕 하고 수화기를 놓는 대신에 「아멘!」 하고 외치면서 예수님과의 대화를 급히 종료시켰습니다. 아주 무례한 일입니다. 예수님은 어쩌면 「단 2분이라도 좋으니 내 말을 좀 들어주렴」 이렇게 안타까워하고 계실지도 모릅니다.

우리는 대부분의 경우, 마르다와 같이 많은 것에 대해 염려하고 신경을 씁니다. 그러나 인생에서 필요한 단 한가지는 마리아와 같이 「주의 발치에 앉아 그의 말씀을 듣더니」 (눅10:39) 와 같은 태도입니다.

그렇다면 하나님의 말씀을 듣기 위해서 어떻게 하면 좋을까요? 여기에서 효율적인 하나의 방법은 「질문」입니다. 천외내(天外內)트레이닝에서는 매일 아침 「기쁨의 표현」을 한 직후에 하나님을 향해 6가지의 질문을 하도록 권면하고 있습니다.

아침에 일어나자마자 6가지 질문을 합니다.

먼저,「하늘(天)」과의 관계에 대해 2가지 질문을 합니다.

첫 번째로 「아버지! 저에 대해 어떻게 생각하십니까? 」라고 질문합니다.

일전에, 오키나와에서 트레이닝 사역을 할 때 어떤 목사님이 참여했습니다. 그는 이 연습을 시작하기 전에 「하나님이 무서운 말씀을 하시지 않을까」하고 생각하여 내심 가슴이 두근거렸다고 합니다. 그런데 연습 후 「나를 꾸짖으실 줄 알았는데 부드러운 음성을 들려주셔서 안심했다」고 간증했습니다.

하나님 아버지는 독생자 예수의 피로 대속하신 자녀들에게 친근하게 말씀하십니다. 「이는 내 사랑하는 아들이요. 내 기뻐하는 자라.」(마3:17) 또는 「네가 내 눈에 보배롭고 존귀하며 내가 너를 사랑하였은즉」(사43:4) 그리고 「네 소리는 부드럽고 네 얼굴은 아름답구나」(아2:14) 등으로 말씀하고 계십니다.

다정하게 애정표현을 해주시는 하나님과의 대화를 매일 아침 기대해보십시오. 아버지는 당신이 무엇인가를 달성했기 때문이 아니라 그 분의 자녀이기 때문에 사랑해주십니다.

두 번째 질문은 「아버지, 오늘 제가 무엇을 하면 좋겠습니까?」라는 질문입니다. 그러면 평소의 일상에 대해 성실하게 임할 것을 당부하시는 경우도 있고, 무엇인가 새로운 시작에 대해 권면해주시는 경우도 있습니다. 내가 이 책을 쓰는 이유도 어느 날 아침에 하나님 아버지께서 「책을 쓰기 시작하라」고 말씀하셨기 때문입니다.

그리고 「염려하지 마라. 내가 하겠다.」라든지, 「네가 두려워하는 그 일은 일어나지 않을 것이다」 등 우리의 믿음을 붙들어주는 말씀을 들려주기도 하십니다.

또한 첫 번째 질문의 응답을 듣는 중에 두 번째 질문의 응답까지 한꺼번에 말씀하시는 경우도 있습니다. 예를 들어 「너는 이미 축복의 근원이니 오늘은 ○○씨 집에 가서 그의 이야기를 들으라」는 식으로 말입니다.

세 번째 질문과 네 번째 질문은 「외(外)」, 즉 세상과 어떤 관계를 가질 것인가에 대한 질문입니다.

먼저 「오늘은 누구를, 어떻게 섬기면 좋을까요? 」라고 질문합니다. 만약 「기쁜 마음으로 주께 하듯 하고 사람들에게 하듯 하지 말라」(엡6:7) 라는 말씀을 주셨다면 「온전히 말씀을 따르게 하옵소서 」그리고 구체적으로 누구를 어떻게 섬겨야 하는지 가르쳐주시라고 기도합니다.

세상에는 사람을 이용하려고 궁리하는 사람은 많지만, 기쁜 마음으로 섬기려는 사람은 극히 드뭅니다. 자기 이야기를 하려는 사람은 많지만, 친근하게 다른 사람의 이야기를 들어주려는 사람은 별로 없습니다. 설령 불이익을 당한다 할지라도 신실한 친구로 꾸준하게 곁에 있어주는 사람이 얼마나 되겠습니까?

예수님께서는 삭개오의 손님이 되셨습니다. 우리 주변에는 「나는 아무런 도움도 안 되는 사람」 이라고 생각하는 사람들이 많습니다. 하나님께서는 우리를 주님의 대리인으로서 그들이 거하는 곳에 나아가 평안을 위해 기도하고 (창12:2참조) , 함께 떡을 떼고 (눅10:7 참조) , 그들의 필요를 채워주며 (마25:31-46참조) , 병든 자를 치유하고 (눅4:18,19참조) , 「잃어버린 자를 찾아 구원」 (눅19:10) 하려고 부르신 것입니다.

그리고 다음에는 「오늘은 누구에게, 어떤 방법으로, 어떤 언어를 사용해서, 간증을 하면 좋을까요?」 라고 질문합니다. 만약 이 날 불신자를 만나는 일정이 있다면 그 사람에게 어떻게 다가가면 좋을시 구체적으로 구합니다. 이 때 함께 나눌 짧은 문장을 하나님께서 알려주시면 실천할 때 매우 도움이 됩니다.

설사 구체적으로 들은 것이 아무것도 없다 할지라도 아침에 일어나자마자 하나님의 마음을 확인할 수 있습니다. 그것은 「무리를 보시고 불쌍히 여기시니 이는 그들이 목자 없는 양과 같이 고생하며 기진함이라」 (마9:36) 이것이 예수님의 마음입니다.

다섯 번째 질문과 여섯 번째 질문은 자신의 내면과 성도가의 관계에 대한 질문입니다.

59

먼저, 「제가24시간 이내에 지은 죄가 있습니까? 회개하도록 도와주옵소서.」라고 기도합니다.

「자기의 죄를 숨기는 자는 형통하지 못하나 죄를 자복하고 버리는 자는 불쌍히 여김을 받으리라.」(잠28:13) 하나님 앞에 자기자신을 점검하고 죄가 발견됐다면 정직하게 고백합니다.

이로 말미암아 우리는 깨끗함을 입고 성장하게 됩니다. 아버지는 우리가 성장하여 「그리스도의 장성한 분량이 충만한데 까지」(엡4:13) 이르기를 기대하십니다.

성적 유혹에 빠지지 않았는지, 금전, 시간, 능력, 은사 등을 충실하게 관리하고 하나님의 영광을 위해 사용했는지, 원망하지 않았는지, 이웃에게 선을 베풀었는지, 매일 아침 점검하고 고백합니다.

마지막으로 「성도간 또는 공동체 일원에 대해 어떻게 사랑을 표현하면 좋을까요?」라고 질문합니다.

바울은「형제를 사랑하여 서로 우애하고 존경하기를 서로 먼저 하여」(롬12:10) 라고 가르칩니다. 형제 사랑에 대한 훈계는 각 서간문의 마지막에 당부하듯 빈번히 기록되어 있습니다.

「너희가 서로 사랑하면 이로써 모든 사람이 너희가 내 제자인 줄 알리라.」(요13:35) 라고 주께서 말씀하셨습니다.

사람들은 자기자신에게 보여준 사랑의 행위뿐만 아니라 성도간의 관계를 보고 그리스도께 마음이 이끌리게 됩니다. 매일 아침 누구에게 어떻게 사랑을 나타낼 것인가를 질문하고 또 실행한다면, 이것 자체가 선교 사역이 되는 것입니다.

이와 같이 매일 아침 하나님과의 대화를 「천외내(天外內)QT」라고 부릅니다.

일상 속에서 질문하다

아침마다 하나님과 대화를 나누고 하루를 시작하면 하루 종일 그 분과 교제하며 지내는 것이 수월해집니다. 예수님은 「내가 아무것도 스스로 할 수 없노라. 듣는 대로 심판하노니 나는 나의 뜻대로 하려 하지 않고 나를 보내신 이의 뜻대로 하려 하므로 내 심판은 의로우니라」 (요5:30) 라고 말씀하셨습니다.

나는 가끔, 정신을 차리고 보면 내가 바라는 것만 추구하고 있는 모습을 깨닫고 부끄러워질 때가 있습니다. 우리는 예수님처럼 하나님 아버지께로부터 파송을 받은 존재이기 때문에 자신의 생각과 계획은 옆에 치워놓고 힘을 다해 오직 하나님 아버지의 마음을 구하며 살아야 합니다.

그러면 일상에서는 어떤 질문을 하면 좋을까요? 예를 들면 누군가와 대화하기 전에「하나님 이 사람에 대해 가르쳐 주세요」라고 하나님께 묻습니다. 그러면 어떤 날은 상대방의 육체의 연약함에 대해 알려주시기도 하고, 또 다른 날은 상대방의 고민이나 인간관계, 기질, 심지어 장래의 진로까지 가르쳐주실 때가 있습니다. 이와 같이 가르쳐주시는 이유는 "하나님께서 그를 얼마나 사랑하시는지"를 당사자에게 전하고 싶어하시기 때문입니다.

이외 같이 하나님 아버지와 대화하며 생활하다 보면, 예수님을 소개하는 방법도 다양한 방법으로 제안할 수 있게 됩니다.

며칠 전, 성도 한 분이 "녹차 쉬폰케이크"를 만들어서 갖다 주셨습니다. 그런데 먹기 아까울 정도로 아주 훌륭한 작품이었기 때문에 하나님께 질문했습니다. 「이 케이크를 누군가에게 주면 좋겠는데 어떤 분에게 가지고 가면 좋을까요.」

그러자 곧 어느 할머니의 얼굴이 떠올랐습니다. 그래서 자전거를 타고 그 분 댁까지 케이크를 가져 갔고 할머니는 매우 기뻐하셨습니다. 그 분은 이 케이크의 1/4을 다시 잘라서 불신자 친구에게 나눠줬습니다. 불신자 친구가 케이크의 맛을 보고 「케이크를 만든 분의 따뜻한 마음이 전해진다」라고 감격하면서 거듭 고맙다는 인사를 했다고 합니다.

이러한 전도는 「매일 케이크 만들기 교실을 운영하자」와 같은 프로그램이 아닙니다. 단지 하나님의 인도하심 가운데 사랑을 나타낸 일화일 뿐입니다. 이와 같이 특별한 자격이 없는 일반 성도가 「내 몸을 당신의 손과 입으로 사용해주세요」라고 기도하며 하나님께서 이끄시는 대로 순종하기 시작할 때 일본은 반드시 변화될 것입니다.

물론 하나님께 묻는다고 해서 언제나 곧바로 응답을 주시는 것은 아니며, 심지어 잘못 판단하는 경우도 있습니다. 그러나 하나님께 질문하는 습관은 머릿속으로 생각만 하고 묻지 않는 것보다 지속적으로 담대하게, 그리고 설레는 마음으로 살게 하는 힘이 됩니다.

평소에 이러한 시행착오를 반복하다 보면 어느 날, 어느 순간에 「일어나서 남쪽으로 향하여 예루살렘에서 가사로 내려가는 길까지 가라.」(행8:26) 라는 구체적인 지시가 내려와도 곧바로 순종할 수 있게 됩니다.

아침마다 하나님 아버지께 질문하며 대화를 나눠봅시다. 아버지의 마음을 받고 그 분의 지시에 순종하여 이웃에게 사랑을 나타낸다면 매일 생기가 넘쳐흐를 것입니다.

천외내조직

서로의 죄를 고백하다

휴대전화로 성인사이트에 접속하는 중독에서 벗어나지 못해 괴로워하는 10대 소년과 일주일에 1번씩 정기적으로 만나던 시기가 있었습니다. 소년은 자신이 빠져있는 포르노 의존 상태를 하나님께서 기뻐하지 않으신다는 사실을 알고 있었습니다. 그래서 나를 처음 만났을 때 소년은「그만두고 싶어요. 정말 변화되고 싶어요.」라고 말하며 울었습니다.

우리는「시험을 이길 힘을 하나님께서 부어주시길」기도하고 일주일 후에 만났습니다. 그런데 결과는 참패였습니다. 하루도 제어하지 못했다는 것입니다. 그렇지만 우리는 다시 한번 마음을 모아 기도했습니다.

다시 일주일이 지나 그를 만났을 때는 일주일 중에 접속하지 않은 날이 하루 있었다고 보고했습니다. 우리는 하나님께 감사드리고 이 작은 진보를 기뻐했습니다. 아직 일주일 중 6일은 여전히 접속하고 있었지만 이것은 그의 성장에 있어서 중요한 첫 걸음이었습니다.

그 다음 주에는 일주일 중 이틀간 성인 사이드를 보지 않았다고 했습니다. 즉 2승 5패인 것입니다. 그 다음 주는 3승 4패가 됐습니다. 나는 「타율이 이치로 선수보다 상승했는걸?」하며 격려했습니다.

그 후로도 접속하지 않은 날수가 늘어갔습니다. 그리고 결국 1주일에 단 한번도 성인 사이트를 보지 않고 지낼 수 있게 됐습니다.

그는 그 이후, 유혹에 노출되기 쉬운 오후 9시 이후에는 휴대전화를 사용하지 않도록 타이머를 설정해야겠다는 생각을 하게 됐고 그것을 실행했습니다.

소년의 전쟁은 곧 내 자신과의 전쟁이며, 소년의 승리가 나의 승리가 되도록 관계를 이끌어 주신 것은 하나님께서 허락하신 아름다운 경험이었습니다.

「만일 우리가 우리 죄를 자백하면 그는 미쁘시고 의로우사 우리 죄를 사하시며 우리를 모든 불의에서 깨끗하게 하실 것이요. 」 (요일1:9) 하나님께서는 우리가 자신의 실수를 인정하고 주님만이 의로우신 분이라고 선언하면 주님과의 1:1의 교제 가운데 분명히 용서하시고 깨끗하게 씻어주십니다.

한편, 야고보는「너희 죄를 서로 고백하며 병이 낫기를 위하여 서로 기도하라.」 (약5:16) 라고 가르치고 있습니다. 서로 사랑하며 붙들어주는 관계 속에서 상대방에게 정직한 고백을 하면, 범죄로 말미암아 상처 입은 마음에 치유가 일어납니다. 또한 죄의 권세에 대해 담대함이 생깁니다.

성경 + 중보기도 + 나눔

천외내(天外内)트레이닝에서는 매일 아침 각 개인이 죄의 고백을 하는데, 매주 소수의 사람과 함께 하는 그룹에서도 서로 죄를 고백합니다. 이 그룹은 「천외내조직(天外内)」이라고 부릅니다. 「LTG」(Life Transformation Groups) 라는 명칭으로 알려져 있는 책임그룹(Accountability Group)을 조정한 것입니다 [7] 죄의 고백과 함께 각자가 1주일간 경험한 은혜와 현재 처해있는 문제에 대해서도 함께 나눕니다.

1주일에 1회, 약 1시간, 이 때 동성끼리 그룹으로 모여서 천외내(天外内) 큐티와 같은 6개의 질문을 짚어봅니다. 4명 이상이 모일 때는 그룹을 2개로 나눕니다. 구성원은 2~3사람으로 구성하는 것이 적당합니다.

7   Neil Cole, *Cultivating a Life for God: Multiplying Disciples Through Life Transformation Groups.* Covina, CA: Churchsmart Resources, 1999.ニール・コール『LTG (가제)』번역: 다카미자와 에이코 いのちのことば社(생명의 말씀사) (2010년 6월 간행 예정)

「하늘(天)」=「하나님(神)」과의 관계를 나타내는 처음 2가지 질문은 다음과 같습니다.

「1주일을 돌아볼 때 하나님께서 함께해 주셨다고 생각될 때는 언제였습니까?」

「지난 주에 읽은 성경 구절을 통해 하나님께서 무엇을 명하셨습니까? 그 명령에 대해 어떻게 반응했습니까?」

「외(外)」=「세상」과의 관계와 「내(內)」=「자신의 내면 및 성도간」의 관계를 표현하는 3~6개의 질문은 천외내(天外內) 큐티의 질문과 내용이 거의 동일합니다. 매일 아침 기도하고 실천한 일의 결과를 매주 한번씩 파트너와 함께 되돌아본다는 생각에서 비롯된 것입니다.

「지난 주에 누구를 어떻게 섬겼나요?」「지난 주에 누구에게 어떻게 복음을 전했나요?」「지난 주에 죄를 범했나요?」「지난 주에 성도간 혹은 사역공동체 안에 사랑을 어떻게 표현했나요?」

파트너의 고백을 들은 후, 요한일서 1장 9절을 선포하고 죄의 용서를 함께 받아들입니다.

천외내(天外內)조직 안에는 지도자가 없습니다. 잠언 27장 17절에는 「철이 철을 날카롭게 하는 것 같이 사람이 그의 친구의 얼굴을 빛나게 하느니라.」라고 기록되어 있습니다. 누군가를 양육하기 위해 시작하는 것이 아니라 자신이 그런 교제를 통해 반질반질 윤이 나도록, 즉 자기자신의 성장을 위해 시도해 보십시오. 그러면 상대방도 빛나기 시작할 깃입니다. 제자양육은 하나님과 사람 앞에서 정직하고 신실하게 살아가려는 이들의 교제를 통해 생성되는 부산물입니다.

1주일에 1번씩 천외내(天外內) 조직에서 만날 때 모든 구성원이 6개의 질문에 각각 대답을 합니다. 이 나눔은 천외내(天外內)조직의「내(內)」에 해당되는 요소이며, 「천(天)」은 성경통독, 「외(外)」는 불신자 가족이나 친구들에 대한 중보기도에 해당된다고 할 수 있습니다.

천외내조(天外內組)는「천(天)」=「성경통독」,「외(外)」=「중보기도」,「내(內)」=「나눔」을 조합한 간단한 제자육성시스템입니다.

성경통독과 중보기도는 그룹모임에서 하지 않고 일상에서 실천합니다. 단, 어느 성경구절을 읽을지, 또는 누구를 위해 중보기도를 할지에 대해서는 그룹 안에서 나누고 결정합니다.

그러면 이제 성경통독에 대해 설명하겠습니다. 각 그룹에서는 1주일 동안 읽을 분량을 25장~30장 정도로 배정합니다. 예를 들면 창세기는 전권이 50장이므로 2주간에 걸쳐서 읽습니다. 에베소서는 6장이므로 1주일에 5번을 반복해서 읽을 수 있습니다. 고린도서는 전서와 후서를 포함해서 29장이므로 1주일에 읽을 분량으로 적당합니다.

미리 약속한 분량의 성경구절을 파트너가 정한 기간까지 읽어오지 못하면 다음 장으로 넘어가지 말고 다시 한번 구성원들이 같은 구절을 읽습니다. 구성원 전원이 지정한 구절을 읽을 때까지 다시 시도합니다.

이 때, 읽어오지 못한 사람에 대해 책망하지 않도록 주의하십시오. 반복해서 읽어야 하는 번거로움이 생기지만 성령님께서 이 구절을 통해 특별한 레슨을 해주고 계심을 믿으십시오.

다음은 중보기도입니다. 만약 3인으로 구성된 그룹이라면 「전도하고 싶은 사람」 의 이름을 각각 두 사람씩 올립니다. 2인으로 구성된 그룹이라면 세 사람씩 전도대상자의 이름을 올립니다. 그러면 총 6명의 이름이 나옵니다.

구성원들은 매일 그룹에서 나눈 이 여섯 명 중 한 사람을 위해 중보 기도합니다. 그러면 한 사람의 불신자를 위해 1주일에 두 세 사람이 지속적, 구체적, 전략적으로 기도하게 됩니다.

하나님은 기도를 들어주시는 분이기 때문에 반드시 중보기도를 한 영혼은 구원을 받습니다. 나는 매주 서

너 명의 직장인과 성경공부를 하고 있는데, 이 곳에 모인 사람들은 일찍이 천외내조(天外內組)를 통해서 구원받도록 기도했고 실제로 구원받은 사람들입니다.

이 때 기도가 응답되어 구도자가 회심하게 되면, 이 사람은 자신을 구원의 길로 인도해준 사람과 일주일 후부터 천외내조(天外內組)를 시작합니다. 만약 2인조 그룹이라면 3번째 구성원으로 함께 해도 좋습니다.

갈급함과 충실함이 조건

이러한 회심 직후의 당사자는 예외 없이 일주일 후부터 천외내조(天外內組)를 시작하도록 현재의 상황을 정리합니다. 단 부부가 함께 예수님을 영접한 경우는 별도의 책임그룹(Accountability Group)이 있기 때문에, 다른 그룹과 선택의 여지가 있습니다. 이에 대해서는 다음 장에서 설명하겠습니다.

이미 기독교인이 새롭게 천외내조(天外內組)를 시작할 때는 2가지의 조건을 충족시켜야 합니다.

첫 번째는 그리스도에 대한 갈급입니다. 「꼭 변화되고 싶어! 예수님처럼 되고 싶어!」 이런 마음가짐이 중요합니다.

두 번째는 과정에 충실히 임하는 것입니다. 정한 것을 지킬 각오가 없는 사람은 애조에 시작하지 않는 편이 낫습니다.

천외내조(天外內組) 에 대해 소개할 때는 항상 「갈급한 마음으로 성실하게 임할 사람만 시작하도록」 가르치고 있습니다. 그런데 가끔 교회 지도자가 잘못 판단한 나머지 성도의 그룹을 임의로 나누는 일이 있습니다.

그러나 이런 방법은 좋지 않습니다. "나누기 법칙"까지 거론할 필요 없이, 무엇인가 새로운 일에 의욕적으로 임하는 사람은 전체의 20%정도밖에 되지 않습니다.

현상유지를 원하는 사람들이나 리더 앞이기 때문에 체면상 어쩔 수 없이 하는 사람은 시작하지 않는 편이 좋습니다.

또한 지도자 자신이 아직 경험하지 않은 것을 타인에게 권면하는 행동은 성실한 리더의 모습이 아닙니다. 리더라면 먼저 자신과 파트너가 될 한 사람을 위해 기도하면서 그 사람과 직접 천외내조(天外內組)를 시작하고, 서로의 라이프스타일이 변화되었다면 두 사람으로 시작된 이 그룹에 한 사람을 충원해 가는 순서로 진행하는 것이 좋습니다. 거기에 다시 한 사람, 천외내조(天外內組)를 신청하는 사람이 있거나, 기도했던 사람이 예수님을 영접하면 그룹을 2개로 나눠서 증식할 수 있습니다.

아무리 비싼 물도 목이 마르지 않을 때는 굳이 마시려고 하지 않습니다. 갈급하지 않은 사람에 대해서는 갈급할 때까지 기다리면 됩니다. 예수님은 「누구든지 목마르거든 내게로 와서 마셔라」(요7:37) 라고 말씀하셨습니다.

하나님은 먼저 소수의 도입자를 세우시고, 그들의 살아있는 간증을 통해 주변 사람들에게 갈급함을 일으켜주실 것입니다. 이 때 "풀 뿌리 프로젝트"는 하나님과의 직접적 교제를 통해 주어지는 살아 숨쉬는 생기를 잃지 않기 위해, 무리한 관리를 하지 않도록 주의해야 합니다.

그리고 어떤 새로운 일을 시작하기 위해서는 지금까지 해왔던 어떤 것을 멈춰야 합니다. 시작하는 일과 멈추는 일, 이 두 가지를 함께 생각하지 않으면 지속하는 결과를 얻을 수 없습니다. 두 마리 토끼를 잡으려다가 다 놓치고 마는 격입니다.

일주일에 한 번, 몇 사람이 모여 "경천애인"을 실천했는지 서로 점검해봅니다. 일상에서 매일 성경을 읽고 불신자 가족이나 이웃을 위해 기도합니다.

부부의 일과

가족이 소중하다

「당신에게 가장 소중한 것은 무엇입니까」라는 질문에 당신은 무엇이라고 대답하겠습니까? 2008년 통계수리연구소의 조사에 따르면 「가족」이라고 응답한 사람이 46%의 비율을 나타냈습니다[8]. 즉, 생명, 건강, 자기자신, 재산 보다 가족을 소중히 여기는 사람이 월등히 많다는 것입니다. 언제부터 일본인이 이렇게 가족중심의 가치관을 갖게 된 것일까요?

『길을 잃은 가족(迷走する家族)』[9]의 저자 야마다 마사히로(山田昌弘)씨는 제2차 세계대전 후 국가주의적 성향(=나라)이 자취를 감추고, 전통적인 촌락(= 마을)이 붕괴된 가운데 상대적으로 가족(=집)에 대한 소속감이 높아졌다고 주장하고 있습니다. 그리고 90년대의 경제위기 때 대부분의 일본인들은 2가지 꿈을 포기했다고 분석했습니다. 하나는 내 집 마련하기, 또 하나는 자녀를 보다 좋은 대학에 보내기 위해 높은 연봉의 직장에서 일하는 것입니다.

지금노 꿈을 이루기 위한 경제적 기반을 잃어버리고 개인이나 사회가 가족과 어떻게 마주하면 좋을지 막막한 상황입니다. 이러한 상태를 야마다는 「길을 잃다(迷走)」라고 표현했습니다. 의지할 곳을 찾는 일본사회에서 가족의 나아갈 「길」을 제시하는 것이 바로 교회의 사명이 아니겠습니까?

---

[8]　통계수리연구소「4정신적 충족과 마음 의지할 곳 모색」『국민성 조사 제 12차 조사결과의 기자발표자료에서 발췌』http://www.ism.ac.jp/kokuminsei/point.html (accessed April 09, 2010)

[9]　야마다 마사히로(山田昌弘)『迷走する家族:戰後家族モデルの形成と解体(길을 잃은 가족: 전후 가족모델의 형성과 해체)』유히카쿠(有斐閣) 2005.

세 가지 일과

여기에서 내 친구 케이시(惠嗣) 에 대한 이야기를 하겠습니다. 그는 누구보다 성실하게 일했고, 성공하는 것이야말로 남자로서 가장 중요한 인생의 신조라고 생각했습니다. 그래서 아내 카즈미(和美)가 「성공」에 방해가 될 만한 언행을 했다고 판단할 때는 가차없이 야단을 쳤습니다. 이 부부의 관계는 상사와 부하처럼 느껴졌습니다.

어느 날, 케이시의 친구가 와서 말했습니다. 이 친구는 얼마 전에 이혼의 아픔을 겪은 상태였습니다. 그런데「너를 보고 있으면 예전의 나를 보는 것 같다. 결혼생활은 문제 없니?」라고 물었습니다.

케이시는 그 얘기를 듣고 깜짝 놀랐습니다. 일 중독의 남편과 순종적인 아내의 조합은 좋은 부부의 표상이라고 생각했기 때문입니다. 그 후 케이시는 부부동반으로 상담을 청해 왔습니다. 그래서 나는 내 아내와 실천하고 있는 3가지 일과에 대해 나눴습니다.

「세 가지 일과」[10]는 일상생활 가운데 실천하는 숙제입니다. 아마도 특별 이벤트를 기획해서 부부관계를 개선하려고 해도 지속적인 결과를 기대할 수 없을 것입니다. 그것은 골절했을 때 깁스를 하지 않고 진통제와 습포로 대응하는 것과 같습니다.

그러나 배우자에 대한 사랑과 성실을 표현하는 것이 일상생활의 일부가 된다면 상대방을 사모하는 마음은 자연스럽게 회복되고 성장하게 됩니다. 좋은 관계는 서로에 대한 성실의 열매입니다. 매일 자신이 뿌린 것을 거두는 것과 같습니다 (갈6:7-9) .

그러면 "세 가지 일과"에 대해 설명하겠습니다.

---

10   Douglas Weiss. *Intimacy: A 100-Day Guide to Better Relationships*, Lake Mary, FL: Siloam Press, 2001.

첫 번째 일과는 마음을 모아 함께 기도하는 것입니다.

> 「너희 중에 두 사람이 땅에서 합심하여 무엇이든지
> 구하면 하늘에 계신 내 아버지께서 그들을 위하여
> 이루게 하시리라. 두세 사람이 내 이름으로 모인
> 곳에는 나도 그들 중에 있느니라.」(마18: 19,20)

부부가 매일 하나님 앞에 나와 마음을 합하여 기도하면 이 약속을 경험할 수 있게 됩니다.

두 번째 일과는 감정을 나누는 것입니다.

자신이 어떻게 느끼고 있는지 살피고 표현하는 스킬은 연습을 통해 향상됩니다. 이 스킬을 연마함으로써 서로의 이야기를 잘 들어주고 이해할 수 있게 됩니다.

먼저 두 사람이 짧게 기도한 후, 24시간 이내에 경험한 사건과 그 때 느꼈던 감정을 말합니다. 그러면 희로애락, 쓸쓸함, 두려움, 죄책감, 혼돈 등의 감정을 나누게 됩니다. 그 다음에는 이와 동일한 감정을 최초로 느꼈던 시점이 언제, 무엇을 할 때였는지를 기억하고 나눕니다. 어린 시절이나 사춘기의 경험 등을 소개하는 것입니다.

단, 배우자와 직접 관계되는 사건을 끄집어내서 나누는 것은 금물입니다. 또한 배우자의 감정에 대해 어떤 의견을 말해서도 안됩니다. 비판하거나 가르치려고 하지 말고 상대방의 있는 모습 그대로를 받아들이십시오.

세 번째 일과는 서로 칭찬하는 것입니다.

배우자는 당신을 위해 하나님께서 선택해주신 특별한 사람이며, 칭찬할 가치가 있는 인물입니다 칭찬하는 말로 상대방의 성장을 도웁시다.

매일 배우자의 어떤 모습이 좋은지, 무엇에 대해 고마워하고 있는지, 얼마나 훌륭한 사람인지에 대해 두 가지씩 말해보십시오. 쑥스러워하지 말고, 서로 성심을 다해 나누어 보십시오.

상대방이 칭찬을 해 주면 반드시 「고마워요」라는 반응으로 마무리하십시오. 상대방의 말을 거부하지 말고 감사함으로 받아들이고 마음에 간직해보십시오.

그러면 이 일과를 시작한 케이시와 가즈미 부부는 어떻게 됐을까요?

후일에 케이시는 다음과 같이 말했습니다. 「일과를 적용하는 동안 내 상처와 연약함을 받아들일 수 있게 됐습니다. 그와 동시에 아내의 아픔과 슬픔도 이해하게 됐고요. 어느 날 하나님께서 『너를 창조한 것은 가즈미의 아픔을 함께 짊어지게 하기 위함이다』라고 말씀해 주셨습니다.」

가즈미는 다음과 같이 말했습니다. 「매일 이렇게 많은 감정과 함께 살아간다는 사실에 깜짝 놀랐습니다. 또한 남편의 다양한 측면을 알게 됐습니다. 그것을 알면 알수록 남편에 대한 친근함이 솟아났습니다. 마치 두 번째 사랑에 빠진 것 같습니다. 제멋대로이던 아이들도 안정을 찾게 됐습니다. 」

새로운 가족 모델의 제시

크리스천 부부가 이「세 가지 일과」에 힘쓴다면 일본 사회 전체에 새로운 가족모델을 제공하게 될 것입니다. 치유되고 안정을 찾은 부부의 모습은 보장된 직업이나 높은 연봉과 상관없이 친밀한 공동체 구축을 확보하는 것입니다. 그것은 하나님 나라를 소개하는 창이 되며, 기능부전에 빠진 가족문제로 심각한 일본사회에 갈급함과 동경을 초래하게 될 것입니다.

회복된 가족은 전도를 위한 최강의 무기가 됩니다. 이들과의 교제를 통해 불신자 가정이 예수님을 영접하고 「세 가지 일과」를 적용하게 된다면, 간증의 연쇄작용이 일어날 것입니다. 이 연쇄현상을 일으키기 위해 교사를 육성하거나 교재를 만들 필요는 없습니다. 평범한 부부가 이 운동의 주역이 되기 때문입니다.

신약성경에 나오는 교회의 모습은 가정교회인데, 이것은 가정과 교회가 일체였다는 뜻입니다. 그것은 구약성경도 마찬가지입니다. 실제로 예루살렘 성전에서 예배를 드리는 것은 일년에 세 차례의 명절을 지킬 때뿐이었고, 일반적으로는 안식일에 가정에서 교제하는 것이 이스라엘의 종교성을 지키는 방법이었습니다[11].

목축이나 농업, 어업에 종사하던 남성들은 밤이 되어도 일을 끝마치지 못해 노숙을 하는 일이 많았지만, 금요일이 되면 해가 떨어지기 전에 반드시 귀가했습니다. 그리고 아내가 준비한 식탁에 둘러앉아 아내의 이야기를 듣고, 또 자녀들에게 하나님의 말씀을 가르쳤던 것입니다 (신6:7-9 참조).

우리는 가정의 회복이 시급한 과제로 급부상한 현재를 살고 있지만, 문제의 본질은 가정과 교회가 분리되어 있다는 것입니다. 교회에서 "가정회복 세미나"를 열고 이원적 해결법을 추구하기보다 오직 가정이 교회로 회복되는 것이야말로 세상을 바꿀 수 있다는 시점이 중요한 것입니다[12].

「세 가지 일과」는 천외내조(天外內組)의 부부버전으로 볼 수 있습니다. 기도는 「하늘(天)」, 다른 부부에게 전이하는 것은 「외(外)」, 감정의 나눔과 칭찬은 「내(內)」의 요소입니다. 부부가 함께 영접한 경우는 회심 후 곧바로 "부부대상 천외내조 (天外內組) 버전"을 실시할 수 있습니다.

감정을 표현하는 연습

「세 가지 일과」는 자기 내면에 일어나는 감정을 확인하는 훈련이기도 합니다. 인간은 「생각하는 갈대」

11   Marvin R. Wilson. *Our Father Abraham: Jewish Roots of the Christian Faith*, Grand Rapids, MI: Wm. B. Eerdmans, 1989.
12   Mitsuo Fukuda, "A New Family Model for Japanese People." In *Family and Faith in Asia: The Missional Impact of Social Networks*. edited by De Neui, Paul H., Pasadena, CA: William Carey Library, 2009.

이면서 동시에 「감정을 느끼는 갈대」입니다. 감정은 지성과 마찬가지로 인격을 구성하는 기본적인 요소이며, 하나님은 인간이 감정을 표현하도록 창조하셨습니다.

따라서 자신의 감정을 억누르거나 부정하고, 또 속이거나 닫아버린다면 하나님께서 맛보게 해주시려는 인생의 소중한 영역을 무시하고 살아가게 되는 것입니다.

많은 현대인들의 문제는 합리성이나 협조성을 중시하는 사회 규범에 자신을 끼워 맞추려고 하다 보니, 감정을 억제하는 생활을 지속하게 되고 그 결과 자신이 무엇을 느끼고 있는지 조차도 모르는 경향이 많습니다.

그러나 인간에게 주어진 감정 가운데 불필요한 것은 하나도 없습니다. 자신이 무엇을 느끼고 있는지를 자각하고 그것을 있는 그대로 느끼고 적절하게 표현함으로써 자신과 상대방을 이해할 수 있게 됩니다.

감정 표현의 스킬을 연마하는 마음으로 일과를 적용해 보십시오. 연습을 위해서는 감정리스트가 도움이 되는 경우가 있습니다. 매일 다른 감정을 찾아 그것을 표현해 봄으로써 부부 상호간의 이해가 깊어지고 친밀감도 증대해질 것입니다.

다종다양한 인간관계 속에서 그리스도와 교회의 관계를 가리키며 명시하신 부분은 남편과 아내의 관계 뿐입니다 (엡5:21,33). 아내가 하루 동안 어떤 감정을 안고 생활하는지 귀를 기울이는 것은 「아내 사랑하기를 자기 자신과 같이」(엡5:28) 하는 행위이고 또한 큰 즐거움입니다. 부부가 주고받는 대화를 통해 서로 깊은 유대감을 확인할 수 있기 때문입니다. 그리고 더 나아가서는 내 개인적인 이야기를 즐거워하며 경청해주시는 그리스도를 연상할 수 있습니다.

한자 부수에 「마음 심(心)」이 들어가서 감정을 표현하는 글자를 중심으로, 또한 그 외에도 몇 종류의 감정을 더하여 감정리스트를 기록해둡니다.

유쾌·기쁨, 두려움·무서움, 성남·분노, 슬픔, 수치심, 염려·걱정, 상쾌·행복, 의심·당혹, 그리움, 동경, 애석함,

74

애잔, 사모함·친근, 존경, 안타까움·무념, 억울·미움, 꺼림·혐오감, 안심·불안, 감사·불만, 놀람·호기심, 의욕·용기, 자랑스러움, 편안, 우월감·열등감, 포기, 절망, 괴로움, 기대, 공허, 경멸, 질투, 초조 등.

남편과 아내가 마음을 합하여 기도하고 감정을 나누며 서로 칭찬할 때 가정은 온전히 회복되고, 하나님 나라를 소개하는 창으로서 기능하게 됩니다.

부부의 일과

자기 이야기로
승부하다

모든 성도는 이미 세상의 빛

예수님께서 거라사 지방에 가셨을 때 어떤 귀신들린 남자를 고쳐 주셨습니다. 이 일련의 소동 후 남자는 예수님과 동행하고 싶다고 간절히 구했습니다. 그 때 예수님께서 말씀하셨습니다. 「집으로 돌아가 하나님이 네게 어떻게 큰 일을 행하셨는지 말하라.」(눅8:39)

그는 고향에 돌아가 자신의 경험을 나누었습니다. 「내가 무덤가에서 벗은 몸으로 옷도 입지 않고 사람들을 난폭하게 위협하고 있을 때 예수라는 분이 와서 내 안의 귀신을 쫓아줬어요. 나를 좀 봐요. 이제 정상으로 돌아왔죠? 이런 기적은 하나님 밖에 할 수 없는 것이에요」

자신의 몸에 일어난 일을 그대로 나눈 결과, 후일에는 데가볼리(= 데카폴리스 10곳의 지역을 뜻함)에서 「수많은 무리가 예수를 따르니라」(마4:25) 라고 기록되어 있습니다. 세간의 미움을 받던 한 사람이 거라사를 포함한 10 곳의 마을로 이루어진 넓은 지역에 두루 다니며 구원이 임하는 하나님의 도구로 쓰임을 받은 것입니다.

이와 같이 하나님은 "회심 직후의 사람〞을 놀랍게 사용해 주십니다. 모든 성도는 이미 「세상의 빛」(마5:14) 이라고 하셨습니다. 따라서 이 빛을 감추면 안됩니다. 불신자들 사이에 나가서 그들이 하나님 아버지를 경배하게 해야 합니다.

의식적으로 세상을 향해 나가지 않으면, 회심 후 3년쯤 되면 주변 친구들은 크리스천밖에 남지 않습니다. 그러나 이제 갓 회심한 사람은 불신자들과의 인맥이 많은 시점에 있기 때문에 누구보다도 세상과의 접점이 많습니다. 이러한 기회를 눈 앞에서 놓치는 일은 없어야겠습니다.

예수님을 영접한 그 순간부터 주의 영이 내 안에 내주하십니다. 「초신자는 올바른 교리를 공부해야 하고, 인격의 성숙 없이는 간증할 수 없다」라고 주장한다면, 선교의 주인되시는 예수님을 과소평가하고 마는 것입니다. 우리는 결코 초신자 가운데 일하시는 그리스도를 폄하해서는 안됩니다.

실제로 내 경우를 보면, 간증 스킬은 회심 직후보다 지금이 많이 늘었습니다. 꽤 오랜 기간에 걸쳐「올바른 교리」에 대해서도 공부했습니다. 그렇지만, 내 전도를 통해 구원받은 사람은 지금보다 내가 회심 직후에 만난 사람들이 더 많은 것을 발견했습니다. 회심 초기에 내 안에서 일어난 역동적인 생명의 변화를 주변 사람들이 인정할 수 밖에 없었던 것입니다.

은혜의 출구를 만들다

장기적인 제자양육의 관점에서도 회심 초기에 전도 현장을 경험하는 것은 중요합니다. 태어난 직후, 눈 앞에서 움직이며 소리를 내는 것이 어미 새라고 착각한다는 회색기러기 새끼의 습성을 "각인(Imprinting)"이라고 부릅니다.

크리스천도 종종 회심 직후에 접한 성도들의 모델이나 가르침이 신앙생활의 규범이 되기 쉽습니다. 「세 살 버릇 여든까지」라는 속담처럼, 영적 갓난 아기의 경우는 「삼 일 버릇 여든까지」라고 표현할 수 있습니다. 신생 후48시간 이내의 올바른 방향 설정은 명암을 구별하는 중요한 포인트가 됩니다.

나의 한 친구는 예수님을 영접한 다음 날 자기를 전도한 사람의 도움을 받아 다른 사람에게 자신의 구원 간증을 했습니다. 그 때 「이렇게 재미있고 의미 깊은 일이 이 세상에 또 있을까」하며 감격했다고 합니다. 그리고 그는 지금까지도 한결같은 마음으로 전도를 합니다. 그를 통해 얼마나 많은 사람들에게 새 생명의 길을 제시했는지 모릅니다.

회심자에게 중요한 것은 은혜를 흘려 보낼 출구를 확보하는 것입니다.

치유, 거룩, 성숙 및 성령 충만하지 않으면 전도할 수 없다고 가르친다면 회심자는 수동적이 되어서 나누는 즐거움에 대한 경험은 한사코 뒤쳐져 버릴 것입니다.

치유나 거룩 그리고 성숙은 전 생애에 걸쳐 진보되는 것이기 때문에, 납득할 만한 단계에 이를 때까지 기다리고 있다가는 미동도 하지 못한 채 굳어버리기 십상입니다. 히브리서 말씀에 의하면 다리가 불편한 사람에게 필요한 것은 치료약이나 재활치료가 아닌「발을 위하여 길을 곧게」(히12:13,(우리말 성경)) 만들어 주는 것이라고 했습니다. 대부분「경천애인(敬天愛人)」을 실천하는 과정에서 단계적인 치유와 거룩, 성숙이 주어지는 경우가 많습니다.

그리고 동시에 「전도하기 전에 먼저 성령 충만해야 한다」고 지나치게 주장하다 보면 의기소침해집니다. 오히려「너희는 온 천하에 다니며 만민에게 복음을 전파하라.」(막 16:15) 라는 명령에 순종하여 담대하게 나가면「그 능력이 자기에게서 나간 줄을 곧 스스로 아시고」(막5:30) 와 같은 기적이 나타나는 것입니다.

어떤 성도님의 전도대상자는 죽음에 대한 두려움을 안고 있었습니다. 그래서 부활하신 예수님께서 믿는 자에게 영원한 생명을 주신다는 말씀을 전하고 함께 기도했습니다. 그 후 전도대상자는 안심하고 예수님을 찾기 시작했습니다.

그런데 이 일을 통해 전도를 한 성도님 안에도 변화가 일어났습니다. 그녀에게도 죽음에 대한 다소의 불안감이 있었는데 부활의 주님을 증거하는 가운데 그 말씀이 자기 자신을 어루만져주셨던 것입니다. 성령께서 말씀을 밖으로 흘려 보낼 때「(外)」, 그 넘쳐 흐르는 역사 가운데 나를 씻기시고 내면도 치유해주신 사례입니다「(內).

어떻게 전할 것인가

수많은 전도 방법이 있지만 가장 중요한 전제는 나를 보내신 하나님의 마음입니다. 하나님은「누구를 보낼꼬, 누가 우리를 위해 갈꼬」라고 말씀하십니다. 그 때「내가 여기 있나이다 나를 보내소서」(사6:8) 라고 응답하면, 하나님은 그 때마다 어떤 사람에게 어떻게 나아갈지 가르쳐주십니다.

단, 원칙이 하나 있습니다. 그것은「내 진심을 알아준다」고 인정될 만큼 친절하게 상대방을 배려하고 그의 좋은 친구가 되는 것입니다. 하나님께서 상대방을 사랑하시기 때문에 내가 주님의 손발이 되어 그를 향한 사랑을 표현하는 것입니다.

상대방의 입장에서 이야기를 경청해주고 그의 필요를 깨닫고 도움을 줄 수 있는 부분이 있다면 구체적으로 돕고, 우정관계를 돈독히 해 갑니다. 하나님의 인도하심 가운데 즐거이 사람들을 섬겨보십시오. 좋은 친구가 되기 위해 예수님이 사마리아 여인에게 물을 달라고 요청한 것처럼, 내가 상대방의 도움을 구하는 경우도 생길 수 있습니다.

이미 불신자 그룹에서 존재해 왔던 권위를 존중하면서, 내게 주어진 자원을 어떻게 불신자 그룹을 위해 사용하면 좋을지에 대해 생각해보십시오.

그리고 친해지면 담대하게 기도해주십시오. 물론 인도하심 속에 만나자마자 곧바로 기도하는 것이 효과적인 경우도 있습니다. 내 경험상「당신을 위해 기도해도 될까요?」라고 물었을 때 거절하는 경우는 거의 없었습니다. 하나님은 그 분의 힘과 사랑을 불신자에게 나타내기 위해 치유와 기적을 일으켜주실 것입니다.

진리를 갈급하는 사람인지 확인하기 위해 하나님과 자신의 관계를 짧은 문장으로 표현하는 것도 좋습니다. 예를 들어「나는 정말 은혜 가운데 살고 있는 것 같아. 하나님께서 사랑해 주시니까」와 같은 말을 자연스럽게 꺼내봅니다. 그리고 어떻게 말하면 좋은지에 대해서 아침 묵상 시간에 친히 가르쳐주실 때가 있습니다.

물론, 만남의 장소에서 해야 할 말을 주시는 경우도 종종 있습니다. 선교 현장에서 하나님의 인도하심을 따라갈 때 여리고 마을 삭개오의「집」과 (눅19:1-10 참조) 수가성과 같은「성」(요4:3-42참조), 그리고 환관이 섬기던 에티오피아와 같은 「나라」가 (행8:26 ~40참조) 그리스도를 위해 승리를 얻게 될 것입니다.

단, 어떤 말로 접근을 해도「지극히 작은 자」(마 25:40) 와 함께 계시는 그리스도를 인정하고, 가감 없는 순수한 사랑의 동기로 섬겨야 합니다. 그렇게 해서 구도자가 구원을 받으면 그 사람은 영원한 생명으로 인도될 것이고, 설사 그렇지 않다고 해도 사랑해야 할 이유는 충분히 있습니다. 우리는 예수님과 같이 섬기는 자로 부르심을 받았기 때문입니다.

90초 간증

일단, 서로 친해져서 상대방을 잘 이해하고 섬기는 행동, 그리고 주의 이름으로 일어나는 기적, 하나님과 나와의 관계를 표현하는 말에 대해 반응을 해주는 사람이 있다면, 그 다음에는 어떻게 하면 좋을까요. 이제 저 거라사 지방의 남자와 같이 자신의 간증을 나눠 주십시오.

천외내(天外內)트레이닝에서는   회심직후부터 이웃에게 자신의 간증을 이야기할 수 있도록 훈련합니다.

「너희 속에 있는 소망에 관한 이유를 묻는 자에게는 대답할 것을 항상 준비하되 온유와 두려움으로 하고」(벧전3:15) 라고 권면하고 있기 때문입니다.

훈련의 포인트는 3가지 입니다. 첫 번째는 「비포(Before) / 에프터(After)」를 명확하게 표현하는 것입니다. 회심 전에는 어떤 상태였고, 어떻게 예수님을 만났으며 그 후 어떻게 변화되었는지 90초 동안 이야기하도록 연습합니다. 이것은 하나님 나라 사역의 큰 틀의 구조를 이해하기 위함입니다.

두 번째는 성경 말씀 한 구절을 인용합니다. 내 인생은 하나님이 기록하신 「그리스도의 편지」(고전3:3) 입니다. 삶의 경험을 성경에 접목함으로써 화자는 「주를 인정」(잠3:6) 하게 되고, 또한 청자에게 말씀의 씨앗을 뿌리게 되는 것입니다.

세 번째로 내 간증을 들은 사람들이 하나님을 경배하도록 이미지를 심어주는 것입니다. 어려웠던 시절에 대한 얘기만 끈질기게 들먹여서는 안됩니다. 또는 「내가 구했더니 얻었다」고 하면서 하나님의 역사를 자신의 공적으로 돌려서도 안됩니다. 증언하는 사람의 기쁨이 상대방의 마음에 전해지도록 기도하면서 간증해보십시오.

실제의 트레이닝에서는 두 사람씩 짝을 지어, 상대방을 전도대상자로 삼고 연습을 합니다. 일전에 어떤 곳에서 세미나를 진행했을 때, 오전 중에 "90초 간증"을 배우고 연습한 뒤 점심 시간에 두 사람의 청년을 신앙고백까지 인도한 사람이 있었습니다. 하나님께서 예비해주신 사람이 눈 앞에 있는데 아무것도 하지 않은 채 스쳐 지나가는 일이 없도록 주의합시다. 실패를 두려워하지 말고, 담대하게 시도해보십시오.

많은 사람들이 「일본 선교는 어렵다」고 말합니다. 그러나 예수님은 「희어져 추수하게 되었도다.」(요4:35) 라고 말씀하셨습니다. 당신의 간증을 기다리고 있는 사람이 있다는 것입니다 (행16:9,10, 딤후4:2

참조). 그것이 라이프스타일의 일부로 정착되기까지 지속적으로 간증해보십시오.

노파심에서 한 말씀을 추가하자면, 간증 연습을 하는 이유가 언변력으로 상대방을 설복시키고자 하는 것은 아닙니다. 아시시(Assisi))의 프란체스코는 「쉬지 말고 복음을 전하라. 그리고 만약 필요하다면 『말』을 사용하라」고 권면했습니다.

전도는 지나치게 말에 의존해서는 안됩니다. 오히려 삶의 모습 자체가 메시지가 되어야 합니다. 이웃을 사랑하는 삶을 지켜본 주변 사람들이 이를 본받아, 그 길에 동참하도록 유도하는 복음의 확장 방법이 가장 영향력 있는 선교일 것입니다.

회심 직후부터 사랑으로 이웃을 섬기고 복음을 전하기 시작할 때 하나님께서 주변 사람들에게 감동을 주십니다. 그로 인해 회심자 스스로도 성장을 거듭하게 됩니다.

자기 이야기로 승화한다

금전관리

어떤 사람이 시골에 내려가서 양품점을 시작하겠다고 했습니다. 친구들은 너나 할 것 없이 「너처럼 무뚝뚝한 사람이 장사를 한다니 될 리가 없지」라고 반문했습니다. 그러나 그는 말했습니다. 「하나님께서 말씀하셨으니까 괜찮을 거야.」

그는 매출의 20%를 하나님께 드리기로 정했습니다. 그리고 무엇보다도 예수님을 우선순위에 놓고 매일 아침 종업원과 함께 가게 안에서 예배를 드렸습니다.

그러자 개점 전부터 사람들이 줄을 서게 되고 가게의 매출은 늘어났습니다. 얼마쯤 지나서 근처에 대형 슈퍼가 두 군데 생겼는데, 사업을 지켜주시라고 하나님께 기도했더니 두 군데의 가게는 모두 폐점하고, 그의 작은 양품점만 영업을 지속하게 됐습니다. 그는 가족과 함께 전도에 힘썼고 그로 인해 많은 마을 사람들이 예수님을 영접하게 됐습니다.

금전은 목적?아니면 수단?

「한 사람이 두 주인을 섬기지 못할 것이니 혹 이를 미워하고 저를 사랑하거나 혹 이를 중히 여기고 저를 경히 여김이라 너희가 하나님과 제물을 겸하여 섬기지 못하느니라.」(마6:24)

세상에는 하나님을 사랑하듯 재물을 사랑하는 사람들이 많습니다. 마치 하나님을 섬기는 것처럼 재물을 섬기는 경우도 있습니다. 재물을 중시하는 행위는 우리를 위해 모든 것을 풍성하게 예비하시고 누릴 수 있게 해 주시는 하나님을 경히 여기는 것입니다. 일찍이 잠언

기자는 그 위험성에 대해 알고 있었기 때문에 「나를 가난하게도 마옵시고 부하게도 마옵시고 오직 필요한 양식으로 나를 먹이소서」라고 기도했습니다 (잠30:8). 중요한 것은 우리에게 맡겨주신 금전을 어떻게 사용할 것인가 하는 점입니다.

우리는 마치 심부름을 나온 아이처럼 이 세상에 파송되었습니다. 예수님은 「아버지께서 나를 보내신 것 같이 나도 너희를 보내노라」(요20:21) 라고 말씀하셨습니다. 아버지께서는 자녀인 우리와 함께 이 세상에서 일하는 것을 최고의 기쁨으로 여기십니다.

우리를 파송하신 이상 아버지는 두 가지를 반드시 준비해 두시는데, 즉 「지시」와 「리소스」입니다. 이것은 우리를 보내신 아버지가 책임지고 준비하십니다.

지시는 원칙적으로 「경천애인」인데, "경천애인"의 삶을 추구하는 사람들이 세상에 충만하게 되는 것입니다.

리소스의 하나는 금전입니다. 「나의 하나님이 그리스도 예수 안에서 영광 가운데 그 풍성한 대로 너희 모든 쓸 것을 채우시리라.」(빌4:19)

금전은 하나님의 영광과 이웃의 축복을 위해 하나님께서 허락해 주십니다. 이것은 어디까지나 인생의 목적이 아닌 수단으로써 주어집니다.

금전관리의 원칙

금전관리를 「천외내(天外內)」의 순서로 정리를 해보겠습니다.

여기에서 「천(天)」의 요소는 하나님과 교제하는 헌금을 말합니다.

헌금은 「향기로운 제물이요. 하나님을 기쁘시게 하는 것」(빌4:18) 입니다. 헌금을 드릴 때, 내 힘이 아닌 하나님의 은혜로 사는 것임을 자각하게 됩니다. 또한 수입의 일부를 하나님께 올려드림으로써 하나님을 향한 사랑과 감사를 표현합니다. 결코 하나님을 조정하거나 이용하기 위해 헌금을 드려서는 안됩니다.

우리가 수입의 전부를 하나님께 드려도 결코 많이 드렸다고 자랑할 수 없지만 (역상29:14 참조), 「또한 어떤 사람에게든지 하나님이 재물과 부요를 그에게 주사 능히 누리게 하시며 제 몫을 받아 수고함으로 즐거워하게」(전5:19) 해주셨습니다. 내가 즐거워하는 모습을 보고 하나님께서 기뻐하신다는 것입니다. 따라서 주어진 수입을 잘 분별하여 사용하고, 수고의 열매를 즐거워하면 됩니다. 또한 금전의 일부를 구별하여 하나님께 드림으로써 만물과 더불어 그 분의 아들을 우리에게 주신 하나님 아버지께 감사를 올려드리는 것입니다.

그렇다고 해서 다 쓰고 남은 돈을 헌금하겠다고 하면 헌금을 할 기회를 잃고 맙니다. 「그런즉 너희는 먼저 그의 나라와 그의 의를 구하라 그리하면 이 모든 것을 너희에게 더하시리라.」(마6:33) 수입이 생긴 시점에서 우선적으로 작정한 금액을 헌금으로 따로 떼어 둡시다 (고전16:2 참조). 「하나님은 즐겨 내는 자를 사랑하시느니라」 (고후 9:7) 진심을 담아 올려드리고 하나님과의 소통을 기대해 보십시오.

「외(外)」의 요소는 모인 헌금을 사도적 목적을 위해 사용하는 것입니다.

정기적으로 모아놓은 금전을 어떻게 사용하면 좋겠습니까? 민주적인 대화가 필요할까요? 그렇지 않으면 예언적으로, 인도해주시는 대로 지출을 하면 되겠습니까? 힌트는 「사도들의 발 앞에 두매」(행4:35) 라고 하신 성경구절에서 찾아볼 수 있습니다.

사도란 「보내심을 입은 자」라는 의미이고, 복음이 온 땅에 충만하기까지 나아가서 제자양육운동의 토대를 쌓는 사람을 일컫는 말입니다.

「사도들의 발 앞에 두었다」는 의미는, 첫 번째로 각 교회를 순회하거나 선교지에 보내심을 받은 「사도적 팀」

(엡4:11참조) 을 지원하는 것을 가리킵니다. 여기에서 초대교회 당시, 풀 타임 사역자는 정기적으로 월급이나 사례를 받지 못했습니다. 이 돈은「각 사람의 필요를 따라」(행4:35) 분배되었습니다.

두 번째로는 각 지역에 확대되고 있던 실천적 제자육성프로젝트를 위해 사용되었습니다. 향후 사도팀에 합류할 후보자에 대한 여비나, 장로로 일컫던 지역 리더들을 위한 일시적 사례금 등으로 지출되었을 것입니다 (딤전5:17참조) .

세 번째 용도는 신앙공동체 내에서 거주지나 의지할 곳이 없는 사람들을 위해 분배되었습니다. 금전은 목적에 따라 공평하게 나누어졌기 때문에「그 중에 가난한 사람이 없으니」(행4:34) 와 같은 현상이 나타났습니다.

따라서, 구체적으로 사용 용도와 금액을 정할 때는 서로 협의를 하거나 예언을 구하는 경우도 있겠지만, 사도적 목적을 위해 사용하겠다는 원칙하에 결정 과정의 근거를 둘 필요가 있습니다.

「내(內)」의 요소는 금전 집착에 대한 경고입니다.

원숭이의 손이 겨우 들어가는 크기의 구멍을 열어놓고, 그 안에 먹이를 넣어 원숭이가 손을 넣어서 먹이를 꺼내려고 할 때 원숭이를 잡는 포획법이 있다고 합니다. 원숭이는 먹이를 놓고 도망갈 수 있음에도 불구하고, 욕심에 눈이 어두워서 그만 스스로 잡히고 맙니다. 마찬가지로 금전을 붙잡는 사람은 금전에 사로잡힙니다. 금전을 손에서 놓지 않으면 그 금전의 노예가 되고 마는 것입니다.

> 「돈을 사랑함이 일만 악의 뿌리가 되나니 이것을 탐내는 자들은 미혹을 받아 믿음에서 떠나 많은 근심으로써 자기를 찔렀도다.」(딤전6:10)

「돈을 사랑하지 말고 있는 바를 족한 줄로 알라」 (히13:5) 자신의 내면에 부에 대한 유혹이 없는지 정기적으로 점검해야 할 필요가 있습니다. 회심 직후의 사람에게 첫 헌금을 하도록 유도하거나 정기적으로 헌금하는 규칙을 정할 수 있도록 유도해 주십시오. 그것은 하나님께 자신을 올려드리며 사는 삶을 위한 중요한 첫 걸음이 됩니다. 「네 보물이 있는 그 곳에는 네 마음도 있느니라.」(마6:21)

사업의 세계를 되돌리다

나는 작은 회사를 경영하고 있습니다. 며칠 전, 근처 가게 사장님과 식사를 했습니다. 「사업은 좀 어떠십니까?」하고 물었더니 그가 대답했습니다. 「요즘 같은 경제 상황이니, 겨우 현상 유지나 하는 거죠. 그런데 사장님 회사는 꽤 잘 되는 것 같아요. 이쪽 주변 상가 중에 가장 인기가 많은 것 같던데요?」이때 나는 재빨리 대꾸했습니다. 「저희 회사 사장님이 대단히 훌륭한 분이시거든요……. 제 사장님은 예수님이십니다」

그 분은 깜짝 놀라는 듯 했습니다. 「뭐라고요? 그게 무슨 말이죠? 혹시 크리스천이신가요?」내가 고개를 끄덕이자 그는 말을 이어갔습니다. 「아 그래서 그랬군요. 지난 달에 지역 회의에서 당신을 만났을 때 신비로운 느낌이 들었어요. 말로 표현하기는 어렵지만 싱그러운 느낌이랄까요? 그래서 오늘도 꼭 뵙고 얘기를 나누고 싶었어요. 」

그 후, 나는 예수님께서 지금까지 회사를 어떻게 지키시고 인도해주셨는지 간증을 했습니다. 그러자 그는 자기 말고도 다른 친구들을 소개하고 싶다고 말했습니다. 「죽마고우 중에 ○○군이 이런 저런 문제가 있어서, 그 녀석이야말로 크리스천이 되면 좋으련만. 다음 번에 꼭 소개할게요. 」

바울은「그런즉 너희가 먹든지 마시든지 무엇을 하든지 다 하나님의 영광을 위하여 하라.」(고전10:31) 라고 당부했습니다. 따라서 경제활동에 있어서도 하나님의 영광이 나타나도록 힘쓰라는 말씀으로 이해할 수 있습니다.

일본 사회 안에는 표면적으로는 좋은 회사로 알려진 기업이지만 배후에서 신흥종교나 무당과 연결된 사례가 적지 않습니다. 물론 각각 정도의 차이는 있겠지만 종교적 예배 대상물이나 대상자에게 계시를 구하고, 번창을 기원하면서 사업을 전개하고 있습니다. 그러나 크리스천 사업가는 온 세상의 오너이신 예수님께 지혜와 능력을 부여 받아 그것을 업무에 적용할 수 있습니다. 이 차이를 명확하게 구분함으로써 하나님께 영광을 돌리는 것입니다.

사업의 세계는 사회 전체에 큰 영향력을 끼칩니다. 비즈니스계가 표방하는 가치관이나 사고 체계는 사회의 다른 영역들에도 침투를 합니다. 일 중독인 아버지, 그로 인한 아버지 부재의 기능부전을 앓는 가족 등도 이와 연관된 사례라고 볼 수 있습니다.

성실함이나 업무상의 창의성은 그 자체로서 충분히 훌륭한 것입니다. 그러나 동시에 가족을 섬기고 이웃을 사랑하며 공동체와 각 나라, 민족 가운데 정의와 공평, 상호부조의 정신이 확립되기를 구하며 스스로 공헌하는 방법에 대해서도 배워야 하는 것입니다.

평범한 성도들이 사업 현장에서 예수님의 능력과 사랑, 지혜를 경험하고 그것을 간증하게 될 때, 언젠가 비즈니스계 전체가 하나님의 소유로 전환될 것입니다. 사업자들이「살든지 죽든지 내 몸에서 그리스도가 존귀하게 되게 하려 하나니」 (빌1: 20) 이 말씀을 이룸으로써 하나님께서 주신 경제적 자원이 하나님의 나라를 위해 쓰임을 받게 될 것입니다.

하나님께서 주신 금전을 하나님의 영광과 이웃의 축복을 위해, 즉 하나님의 나라 라는 목적에 따라 관리할 때 금전을 향한 집착에서 자유로워질 것입니다.

대화식
성경공부모임

두려워 말라 적은 무리여!

어느 날, 여름 방학을 보내고 있던 6명의 학생들이 점심나절부터 함께 놀다가, 저녁에 성경공부시간을 가졌습니다. 채택된 말씀은 로마서 6장이었습니다.

한 구절씩 돌아가면서 읽은 후, 성경에서 깨달은 내용을 나누기로 했습니다. 그런데 아주 신선한 말들이 오갔습니다. 잠시 침묵이 흐른 후 고등학생 한 명이 입을 열었습니다.

「여기에 나오는 옛 사람과 새 사람은 어떤 의미인가요?」

또 다시 침묵이 흘렀습니다. 그러자 사회자 역할을 하던 남자 아이가 그 날 있었던 일을 떠올리며 다음과 같이 말했습니다.

「점심 때, '켄'이랑 '이치로'가 싸웠잖아. 그 때 '켄'이 『이제 나 좀 내버려 둬!』라고 말했지. 옛 사람이라는 것은 예수님이 이런 저런 **말씀**을 해주셔도 『날 좀 내버려둬!』라고 말하는 사람이 아닐까? 그리고 새로운 사람이라고 하면 '켄'이 그 이후에 '이치로'랑 화해한 것처럼 예수님께 사과를 하고『앞으로 잘 부탁드려요』하고 말하는 사람일 것 같은데, 어때?」

이 말을 듣고 있던 다른 5명의 학생들은 「그런가? 그런 뜻이었구나.」하며 고개를 끄덕였습니다.

만약 이 그룹에 신학교육을 받은 어른이 끼어들었다면 화해, 이신칭의, 신생, 성화 등의 전문용어를 구사하면서 관통하는 설명을 했을지도 모릅니다.

그러나 그들은 자신들의 경험과 그들만의 용어로 성경을 해석했습니다. 그것이 이 모임의 포인트입니다. 「적은 무리여 무서워 말라」(눅12: 32) 라고 말씀하시는 분께 신뢰하고 맡겨드릴 때 다이나믹한 일들이 발생합니다. 주 예수님보다 좋은 교사는 없기 때문입니다.

예수님을 따라 살기 위해 필요한 사항은 누구든지 성경에서 직접 배울 수 있습니다. 물론 난해한 부분도 있을 것입니다. 그런 경우는 신학자들이 다년간에 걸친 논의 속에서도 여전히 일치한 해석에 이르지 못한 것이 많습니다. 그렇지만 성경의 98%는 진리를 구하는 태도로 읽을 때, 신학자가 아니더라도 충분히 하나님의 뜻을 깨달을 수 있다고 생각합니다.

나는 신학자들의 노고에 대해 감사하고, 그들의 연구를 통해 배우는 사람이지만, 전 세계 열방의 제자화에 있어서 가장 중요한 과제는 평범한 사람들이 읽고 이해할 수 있는 내용을 얼마만큼 실행에 옮길 수 있는가에 있다고 생각합니다.

모든 성도는 제사장이기 때문에「피차 가르치며 권면」(골3:16) 할 수 있습니다. 예를 들어 전문가가 없어도 각 개인의 일상을 반영한 솔직한 대화를 통해 성경을 입체적으로 배울 수 있습니다. 또한 이와 비슷한 문제를 겪고 있던 사람이 말씀에 순종한 결과 어떻게 변화되었는지에 대한 「삶에 근거한 간증」은 참가자들을 위한 좋은 격려가 됩니다.

듣고 실행하고 나누기

한가지 사례를 소개하겠습니다. 예전에 저는 설교하는 것을 좋아했습니다. 설교문을 작성할 때 하나님과 친밀하게 교제함으로써 진리를 배우는 것이 즐거웠습니다. 하나님과의 교제를 통해 깨달은 진리를 다른 분들과 나누는 것도 즐거웠습니다. 어떤 날은「오늘 설교는 예술이었지」하며 자화자찬을 하고 스스로 마음이 높아지기도 했습니다.

그런데 문제가 있었습니다. 그「대단한(?)」설교를 들은 사람들이「잘 알겠다」고 하면서 전혀 삶의 모습이 달라지지 않았다는 점입니다.

어느 날 설교 후 한 어르신이 「목사님은 젊으셔서 그렇게 말씀하시지만 현실은 그렇게 만만한 것이 아니에요. 성경에서 뭐라고 말씀하시든 그런 일은 불가능해요」라고 투덜거렸습니다. 하나를 보면 열을 알듯, 그 어르신은 초신자와 얘기를 나눌 때도 자주 시험에 빠트리는 인물이었습니다.

그래서, 나는 일방적인 설교를 조금씩 내려놓고 성경을 통해 함께 배우는 방식으로 예배의 스타일을 바꿔보았습니다.

당시에는 성경말씀을 한 구절씩 돌아가면서 읽고 난 후, 자신이 읽은 구절에 대한 소감을 먼저 발표하는 규칙을 세웠습니다. 이 날, 문제의 그 어르신이 읽은 구절은 요한복음 9장 41절이었습니다.

예수께서 이르시되「너희가 맹인이 되었더라면 죄가 없으려니와 『본다』고 하니 너희 죄가 그대로 있느니라.」

어르신은 이 말씀을 읽은 후 다음과 같이 고백했습니다. 「저는 볼 수 있다고 생각했는데 보지 못하고 있었습니다. 저는 죄인입니다.」깊은 감동이 그 자리를 감돌았습니다. 무심코 아내의 얼굴을 바라보니 볼을 타고 눈물이 흐르고 있었습니다. 그 날부터 그 분의 삶이 변화되었습니다. 성경에서 배우고 하나님께 복종하게 되었던 것입니다.

나는 그 때 성경이 각 사람에게 말씀하시는 것을 목격했습니다. 새삼스럽기는 하지만 내 역할이 하나님과 사람들 사이에 서는 것이 아니라 사람들이 하나님 앞에 서도록 돕는 것이라는 것을 깨닫게 됐습니다.

한 사람의 설교자가 말하고 다른 사람이 듣는 성경모임이 아니라 모든 사람이 참여하고 대화하면서 성경을 배우는 그룹을 「대화식 성경공부모임」이라고 부르고 있습니다.

대화식 성경공부모임의 순서

그러면「대화식 성경공부모임」의 순서에 대해 설명하겠습니다. 다양한 방법이 있는데 요즘 즐겨 사용하는 방법을 소개하겠습니다.

먼저 사회자를 한 사람 세웁니다. 사회자는 당번제로 하고 모든 구성원이 순번대로 담당하도록 합니다.

그 날의 사회자는 미리 3~10절 정도의 성경구절을 정해둡니다. 그리고 시작할 때 한 사람을 지명하여 다음과 같이 3가지의 기도부탁을 합니다. ①이제 읽을 성경구절을 통해 하나님의 음성을 들을 수 있도록 ② 들은 음성을 실행에 옮길 수 있도록 ③깨닫고 결단한 것에 대해 다른 사람과 나눌 수 있도록.

그리고 성경구절을 함께 묵독하거나 한 사람을 세워 낭독을 부탁합니다. 그 다음에 몇 분간 묵상합니다. 「읽은 후 묵상하기」의 패턴을 몇 차례 반복합니다. 그리고 두 세 차례의 묵상에 들어가기 전에 「이제부터 두 사람씩 조를 편성할 텐데 그 때 나눌 것을 1가지 정해 주십시오」라고 미리 고지해둡니다.

마지막 묵상이 끝나면 두 사람씩 한 조가 되어 ① 무엇을 배웠는지 ②어떻게 적용할 것인지 ③공부모임 후 누구에게 어떻게 나눌 것인지의 3포인트로 서로의 파트너에게 설명합니다. 이 때, 조를 편성하기 전에 「파트너가 얘기한 내용을 다른 사람들 앞에서 대신 발표해야 하기 때문에 상대방의 이야기를 잘 듣고 기억해 두십시오」라고 언지해 둡니다. 그리고 나눔이 끝날 즈음에 「『방금 전에 당신이 말한 내용이 이런 것이었죠?』」라고 상대방의 얘기를 요약해보고,

본인에게는 『내용을 확인해주세요』」 라고 하면서 정리를 이끌어줍니다.

그러면 두 사람씩 나눈 내용 가운데 파트너의 얘기를 다른 사람들 앞에서 순서대로 발표를 합니다. 그리고 모든 발표가 끝나면 자유롭게 토론을 합니다. 이 때는 3가지의 내용을 다룹니다. ①자신이 깨달은 내용과 일치된 부분을 발표해준 사람을 통해 하나님의 뜻을 확인할 수 있었다. ②자신이 깨닫지 못한 부분을 발표해준 사람이 있어서 도움이 됐다. ③이 그룹 전체를 향한 하나님의 메시지가 있다.

마지막으로 다시 파트너에게 돌아가서 배운 것을 적용할 수 있도록 서로를 위해 기도합니다.

지금 갓 예수님을 영접한 회심자라도 성실하게 성경공부모임에 참여하면 얼마 후부터 사회 당번을 할 수 있습니다. 난해한 질문이 나와도 사회자의 역할은 「대화가 원활하게 진행되기 위한 교통 정리」이므로 사회자는 대답할 필요가 없고 다른 사람에게 기회를 주면 됩니다. 사회자이든 또 어느 특정의 사람이 주도권을 갖게 되면 서로 배우는 기회를 잃게 됩니다.

만약 여기에서 답변이 나오지 않는 경우는 다음 모임 때까지 조사해 올 사람을 선정하면 됩니다. 이 모임의 목적은 새로운 지식을 축적하기 위함이 아니라 각자가 성경을 통해 하나님을 알아가고 (=天), 주님과 함께 세상을 향해 나갈 수 있도록 (=外), 서로 격려하는 (=內) 것에 있습니다.

대중지성 실천운동

실천한 사람에게 다음을 가르친다

　지금까지 우리는 ①듣고 순종하는 생활 ②QT ③천외내조(天外內組), ④부부의 일과 ⑤개인전도 ⑥금전관리 ⑦대화식 성경공부모임의 7가지 스킬에 대해 살펴보았습니다. 천외내(天外內)트레이닝은, 실제로「2층 건물」구조로 되는데, 이 7가지 스킬 가운데 6가지를 실천한 훈련생들이 2층 부분에 해당되는 트레이닝에 들어갈 수 있습니다. 단 "천외내조(天外內組)"와 "부부의 일과"는 택일할 수 있으며, 물론 모두 적용하면 더욱 좋습니다.

　예전에는 1,2층을 나누지 않고 모든 항목을 일시에 가르쳤는데, 그 결과 두 가지의 문제가 발생했습니다. 하나는 트레이닝 세미나 참가 후에 적용해야 할 과제가 너무 많아서 집중력이 떨어지는 점, 또 하나는 참가자 전원이 과제를 시도했는지에 대해 추후 확인이 불가능하다는 점이었습니다.

　예수님은 제자들을 파송하셨을 때, 임무의 결과에 대해 듣는 시간을 가지셨습니다 (눅10:17-24참조). 그리고 어느 단계에 이르게 되면, 여기까지 인도하신 하나님의 은혜를 짚어주시고 감사하셨습니다.

　그리고 제자들이 실천하고 깨달은 부분과 현장에서의 문제점 등에 대해 나누는 기회를 가짐으로써 지속적인 지도를 해주셨습니다.

　적극적으로 실천하는 제자를 다음 단계로 이끌어주며 지도하는 것은 지식이 있으나 순종하지 않는 제자 양성을 막을 수 있습니다. 「세미나 놀이」로 끝나는 것은 백해무익한 것입니다. 그렇기 때문에 먼저 회심 후 48시간 이내에 시작할 수 있는 과제를 선정하여 가르치고, 그것을 실제로 적용했는지 여부를 확인하기로 했습니다.

　1층 부분의 수업은 「인간으로서 어떻게 살 것인가?」라는 질문에 대답하는 것이고, 2층 부분에서는 「사람을 어떻게 양육해서 파송할 것인가?」라는 과제를 다릅니다. 실제의 트레이닝에서는 1층 부분의 과제를 해결한 사람에게만 2층 부분의 교재를 공개하는데, 이 책에서는 전체 그림을 이해하기 위해 계단을 도중까지 오르게 한 다음, 2층 부분을 살짝 엿보겠습니다.

모든 성도는 제사장이기 때문에 서로의 대화를 통해서 성경에 기록된 하나님의 뜻을 깨닫고, 세상 가운데 사랑을 실천하기 위해 서로를 격려할 수 있는 존재입니다.

제자양육자의 파송

2-2-2원칙

「예수님의 제자는 몇 명입니까?」라는 질문에 당신은 어떻게 대답하겠습니까?

물론, 12라는 숫자가 가장 처음에 등장하는 숫자입니다. 그러나 누가복음 10장 1절에는 「그 후 주께서 다른 70명(어떤 사본에는 72명으로 기록됨)도 세우시고, 예수께서 친히 가려고 하신 각 마을과 장소에 둘씩 짝지어 먼저 보내셨습니다」 (우리말 성경) 라고 기록되어 있습니다.

그렇다면 여기에서 말하는 「70~72명」은 어떻게 세워진 것일까요?

이것은 추측이지만 예수님께서는 「72명」의 양육을 12제자에게 맡기지 않으셨을까 생각해봤습니다. 12제자는 2사람씩 6조로 활동했습니다. 각 조가 12명씩 양육을 맡았다고 고려하면 12명×6조=72명이라는 숫자가 산출됩니다.

예수님은 제자육성의 연쇄가 다음 세대의 리더 (제자 육성자) 들에게 계승되기를 의도하셨을 것입니다. 이것은 바울이 디모데에게 「충성된 사람들에게 부탁하라 그들이 또 다른 사람들을 가르칠 수 있으리라」 (딤후2:2) 라고 명한 것과 일맥상통합니다.

바울이 스승이었던 바나바에게 배웠다면, 바나바는 바울에게, 바울은 디모데에게, 디모데는 충성된 사람들에게, 이 충성된 사람들은 또 다른 사람들에게로 세대를 내려 가면서 제자양육의 바통을 전했습니다.

이러한 기하급수적 계산법으로 제자가 증가하는 법칙을 디모데후서(II) 2장 2절의 숫자를 조합하여 「2-2-2법칙」이라고 부릅니다.

그러면 「72명」은 12제자에게 받은 양육의 바통을 어떻게 했을까요? 그들 또한 2사람씩 보내심을 받았습니다. 따라서 총 36조의 제자양육팀이 이스라엘의 전 지역에 파송되었다는 의미입니다.

그러면 각 조별로 처음 양육을 받은 대로 12명씩 양육을 했다고 보면 전부 12명×36조=432명의 제자가 세워졌다고 추측할 수 있습니다.

부활하신 예수님은 게바와 12제자를 만나신 후 「오백여 형제에게 일시에 보이셨나니」(고전15:6) 라고 기록하고 있습니다. 이 500여명은 파송받은 「72명」과 각지에서 제자 양육을 받은 「432명」을 합산한 숫자에 부합됩니다 (72+432〉500). 그들은 명절을 지내기 위해 예루살렘에 방문해 있었습니다.

그리고 만약 이 500명이 2인 1조의 제자육성 팀으로서 기능했다면, 총 250조로 구성된 사역자가 존재했다는 말이 됩니다. 250조의 팀이 12명씩 양육하면 12명×250 조=3000명을 제자로 세울 수 있습니다.

이 숫자는 오순절 날 베드로의 설교를 들은 사람들 중에 「신도의 수가 삼천이나 더하더라」(행2: 41) 라는 기사에 부합됩니다. 3000명이 구원받을 때, 이미 양육을 위한 그릇을 예비하셨다는 뜻입니다[13].

하나님 나라의 바이러스

위에서 언급한 숫자가 엄밀하게 정확한지에 대한 여부는 큰 문제가 되지 않습니다. 단, 12명, 72명, 500

13   David S. Lim, "Towards a Radical Contextualization Paradigm in Evangelizing Buddhists." In *Sharing Jesus in the Buddhist World*. edited by Lim, David and Steve Spaulding. Pasadena, CA: William Carey Library, 2003. pp. 75-76.

명, 3000명과 6배로 증가한 수가, 또 다시 6배로 증가한 흐름의 배후에 가산적이 아닌, 기하급수적 증가법칙이 상정된다고 볼 수 있습니다.

바울은 「전염병 같은 자」(행24:5) 라는 악평을 들었습니다. 지금 말로 바꿔서 표현하면「전염성이 강한 인플루엔자 보균자처럼 영향력 있는 사람」이라는 뜻입니다.

바울의 삶의 모습을 접하고, 그 가르침에 공감한 사람들은 제자가 되었고, 제자로서 성장했으며, 더 나아가서는 다른 사람을 제자로서 양육하는 연쇄작용이 일어났습니다. 그 결과, 전염병이 확대되는 것처럼 각 지역에 제자들이 넘쳐났던 것입니다.

「하나님 나라의 바이러스」는 이 사람에서 저 사람에게 지속적으로 전염되어 나라와 민족과 문화의 장벽을 넘고 확대되어 갔습니다. 이와 같이「제자 양육자를 육성하는 연쇄」가 일어나는 것은 선교 지상명령을 실천하기 위해 불가피한 길입니다.

코끼리형 교회와 토끼형 교회

자손을 번식하는 스피드의 관점에서 보면 교회를 "코끼리형 교회"와 "토끼형 교회" 라는 두 가지 타입으로 분류할 수 있습니다.

코끼리는 1년에 단 4회의 생식활동을 합니다. 그리고 임신기간은 22개월이나 됩니다. 게다가 1번 임신해서 생산하는 새끼는 1마리뿐이고, 18세가 될 때까지 성 발육도 더딥니다. 적절한 조건을 맞춰주면 한 쌍의 코끼리에서 3년에 1마리의 새끼코끼리가 태어나는 속도로 자손이 증가합니다.

그런데 토끼의 경우는 특정 생식활동기간이 없습니다. 1개월의 짧은 임신기간이 지나면 평균 7마리의 새끼가 태어납니다. 게다가 새끼토끼는 4개월 만에 임신을 할 수 있습니다. 그러면 한 쌍의 토끼가 3년간 생산할 수 있는 자손의 숫자는 계산 상으로 4억 7600만 마리나 됩니다[14].

여기에서 "코끼리형 교회"는 주로 설교 전문가인 풀 타임 사역자가 예배당에 사람들을 초청하기 위한 전도 등의 계획을 세우고 실행하는 전통적인 교회를 가리킵니다. 한 편 "토끼형 교회"는 하나님과 소통하는 모든 성도가 자신의 생활터전 에서 경천애인의 삶을 지향하면서 서로의 성장을 돕고 각 공동체에 서로 파송하는 가족적인 교제를 가리킵니다.

교회를 「제자육성 및 파송을 위한 소그룹」이라고 재 정의하면 "만민제사장설"을 실천할 수 있습니다. 일본에서도 보통 주부나 학생, 회사원과 점원이 「교역자가 기획하는 건물 중심의 프로그램」이라는 틀을 넘어서서 자신의 가족과 이웃을 구원의 길로 초청하고 제자로 양육함으로써 다섯 세대 후에 태어날 영적 자손을 얻었다는 사례가 나왔습니다.

여기에서 주의해야 할 점은 "토끼형 교회"가 전능하다는 뜻이 아닙니다. 토끼형 교회도 코끼리형 교회와 같이 이단적 리스크를 안고 있습니다. 이것은 어떤 형태의 교회이든지 하나님의 백성이 이 땅에 사는 동안 싸워야 할 보편적인 과제입니다.

단, 누구든지 꾸밈없이 발언할 수 있는 환경 속에서 성경의 실천적 진리를 깨닫는데 익숙한 토끼형 교회라면 리스크는 줄어들 것입니다.

일본과 전 세계의 제자화 실현을 우리 세대에서 보기 위한 필수 조건 중 하나는 토끼형 교회가 손이 닿는 모든 곳에서 증식 사이클로 돌아가는 것입니다. 이 때, 코끼리형 교회는 중요한 역할을 감당할 수 있습니다. 그것은 코끼리형 교회의 성숙한 리더들이 토끼형 교회 리더의 정신적 지주가 되는 것입니다.

14   Wolfgang Simson, *The House Church Book: Rediscover the dynamic, organic, relational, viral community.* Carol Stream, IL: Tyndale, 2009) p.58.

그런데 이러한 움직임이 폭발적으로 일어난다고 해도 인간이 성숙하기 위한 시간은 반드시 필요합니다. 코끼리형 교회의 성숙한 리더들은 토끼형 교회의 장래성과 예언적 역할을 인정하면서 토끼형 교회의 젊은 리더들을 지원하고 격려하는 역할을 담당할 수 있습니다.

그리고 토끼형 교회가 갖고 있는 하나님과의 친밀함, 선교의 열정, 편안한 관계중심의 교제 등의 요소를 코끼리형 교회가 적극적으로 수용함으로써 내부의 활성화를 도모할 수 있을 것입니다.

코끼리형 교회와 토끼형 교회가 사랑 위에서 서로를 바라보고 그 본분을 분별하며 하나님의 선교사역을 함께 짊어지고 공헌하기를 바라는 것입니다.

연쇄반응을 초래하는 파송

제자양육의 연쇄반응은 기본적으로 세간의 인맥을 통해 자연스럽게 문화의 장벽을 넘어 전해졌습니다. 인간관계는 서로 복합적으로 얽혀있기 때문에 연쇄반응이 몇 차례 일어나는 사이에 내 가족과 지인에게 전해지는데, 이것은 마치 인플루엔자의 전염과 같이 자연스러운 네트워크로 확대되어갑니다.

그런데 「가서 모든 민족으로 제자로 삼아」(마28:19) 라는 명령을 받은 제자들이 「예루살렘과 온 유대와 사마리아와 땅 끝까지」(행1:8) 주의 증인이 되기 위해서는 타 문화권으로의 전략적 파송이 필요했습니다. 자신의 안전과 편안함을 버리고 하나님께서 사랑하시는 민족에게 파송되는 사역자가 없다면 세계선교는 완성되지 않기 때문입니다.

예수님과 12제자가 「72명」을 파송한 누가복음 10장 1 ~ 3절의 기록은 제자양육의 연쇄반응이라는 「하나님 나라의 바이러스」를 타 문화권에 전해 준 「전략적 파송의 모델」이었습니다. 이 기록을 (천)天・(외)外・(내) 內의 순서로 고찰해보겠습니다.

「(천)天」의 영역에서 필요한 것은 「추수할 일꾼들을 보내주소서」(눅10:2) 라고 기도하는 것입니다. 예수님께서 「추수할 것은 많되」 라고 선언하셨기 때문에, 일단 추수할 밭에 나가면 "평안을 받을 사람"을 만날 수 있게 될 것입니다 (요4:35참조).

문제는 추수할 일꾼이 적다는 것입니다. 「어린 양을 이리 가운데로 보냄과 같다」(3절) 라고 경고하심에도 불구하고 하나님 나라를 위해 희생을 치르고 선교지로 나가는 사람들이 있다면 비록 부족함이 있을지라도 선교사역은 지속될 것입니다.

이러한 일꾼들은 이스라엘의 각 마을에서 「72명」의 제자들을 통해 구원의 길을 찾았으며 양육을 받은 사람들이었습니다. 일꾼은 추수할 밭에서 세워집니다. 그리고 머지않아 다른 공동체로 부르심을 받아 나아갔습니다.

「추수할 일꾼을 보내달라고 기도하라」고 주께서 명령하셨습니다. 여기에서 「기도하라」는 말은 부정한 재판관에게 매달리던 과부와 같이 끈질기게 기도하라는 의미를 포함하고 있습니다 (눅18장 참조). 나는 7년 전부터 기도의 동역자와 거의 매일 전화로 기도를 해왔습니다. 하나님께서는 이 기도에 성실하게 응답해주셨고 많은 일꾼들을 세워주셨습니다.

「외(外)」의 영역에서 필요한 것은 「가라」고 말하고, 단호하게 보내는 것입니다. 파송하는 쪽에서는 내가 양육한 제자를 위험과 마주하는 선교지에 파송하는 것이 염려가 될 것이고, 파송받는 편에서는 선배나 동료들과 함께 정든 곳을 떠나고 싶지 않은 마음도 있을 것입니다.

그러나 당신의 앞날을 미리 아시고, 복음을 기다리는 사람들이 있는 곳으로 보내심을 받으셨던 예수님의 마음을 생각하고, 의기를 가지고 나아가야 합니다. 파송이 늦어질수록 서로에 대한 의존도의 리스크는 높아질 뿐입니다.

「(내)內」의 영역에서 필요한 것은 같은 뜻을 품은 두 사람이 한 팀이 되어 파송받는 것입니다. 「두세 사람이 내 이름으로 모인 곳에는 나도 그들 중에 있느니라」(마 18:20) 라고 주께서 말씀하셨습니다.

두 사람의 교제 가운데 계시는 예수님께로 두 사람이 뜻을 모은다면 파송된 장소에서 일어나는 수많은 상황에도 신속하게 대처할 수 있습니다. 그런데 이것이 5~6명의 팀이 되어버리면 조정하는데 시간과 노력이 소모될 뿐 아니라 결국「팀 리더에 맡기겠다」와 같은 결론을 맺게 될 수도 있습니다.

두 사람이 서로 사랑하고 섬기면서 일치된 마음으로 일하는 모습이야말로 하나님의 나라를 표현하는 강력한 힘이 됩니다.

추수를 위한 일꾼이 세워지길 기도하면서 제자들을 두 사람씩 파견할 때, 타 문화권에서도 「제자양육의 연쇄반응」의 길이 열리게 될 것입니다.

제자양육의 단순

도미노를
무너뜨리다

"평안을 받을 사람"을 분별하다.

어릴 적 교통사고로 친구를 잃고, 트라우마에 빠져 죽음에 대한 두려움에 사로잡혀있던 대학생이 예수님을 만났습니다. 그는 회심 직후부터 하나님의 실재하심과 사랑, 그리고 영원한 생명에 대해 가족과 지인에게 간증하기 시작했습니다.

그의 간증은 세련미가 있는 것은 아니지만 「살아계신 하나님을 만났다」라는 생생한 간증을 들은 사람들이 1년 동안에 100명 이상 예수님을 영접했습니다.

이 대학생은 마치 누가복음 10장 6절에 나오는 「평안을 받을 사람」과 같습니다. "평안을 받을 사람"은 즉 평안을 받을 사람이 소속된「세상의 네트워크 (= 공동체)」 가운데 놓인「맨 처음에 무너지는 도미노」입니다. 외부 사역자에게 주신 소중한 사명은 최초의 도미노에게 손을 대서 "도미노 무너뜨리기"를 시작하는 것입니다.

그러면 평안을 받을 사람은 어떻게 분별할 수 있을까요?

"평안을 받을 사람"은 3가지의 특징을 갖고 있습니다. 그것은 「히・카・리(빛을 가리키는 일본어 히라가나의 조합)」라는 단어로 기억합니다. 「히」는 열다(히라쿠)「카」는 목마르다 (카와쿠)「리」는 리더입니다.

첫 번째 평안을 받을 사람의 특징은 마음을 열고 우리의 언행에 관심을 보이며 스스로 나아와서 가르침을 들으려고 합니다.

그런데 마음을 열고 있는 사람이라고 해서 모두 평안을 받을 사람은 아닙니다. 우리에게 접근하는 사람이 반드시 진리에 목마른 사람이라고 단정할 수 없습니다.

언제나 자신에게 이익이 되는 일, 자기 사정에 도움이 되는 것만 구하는 사람이 있습니다. 그들은 자신의 삶에서 진리를 적용하고 주님께 순종하겠다고 구하지 않습니다. 영원한 보석을 얻기 위해 자신의 그 어떤 것도 포기하고 싶어하지 않습니다. 오히려 하나님을 이용해서 자신의 소원과 야망을 달성하려고 합니다.

그들은 「말씀으로 말미암아 환난이나 박해가 일어날 때에는 곧 넘어지는 자요」 (마13:20,21)

두 번째로 평안을 받을 사람은 진리에 목마르며, 삶의 변화를 갈망하는 자입니다.

그렇지만 여기에서 주의해야 할 것은 자기자신은 목말라하면서 정작 공동체 내의 다른 사람들의 갈증에 대해서는 무관심한 사람이 있습니다. 그들은 대부분 자신의 문제로 머리가 꽉 차서 이웃에게 좋은 영향을 끼칠만한 마음의 여유가 없습니다. 그들의 관심은 오직 자기 팔을 안으로 굽혀서 자기 만족이나 문제 해결을 복음 선교나 제자육성 그리고 공동체의 성장보다 우선적으로 생각합니다. 이러한 사람들은 「세상의 염려와 재물의 유혹에 말씀이 막혀 결실」 (22절) 하지 못합니다.

세 번째로 평안을 받을 사람은 세상을 향한 부르심에 반응하고, 내부에서 선교를 담당하는 리더입니다. 그들은 「가족과 친구가 제자양육자가 된다」 는 하나님의 뜻을 깨닫습니다. 「결실하여 어떤 것은 백 배, 어떤 것은 육십 배, 어떤 것은 삼십 배가 되느니라」 (23절)

평안을 받을 사람은 이미 공동체 안에서 보유하고 있는 영향력을 복음을 위해 사용합니다. 외부의 일꾼은 평안을 받을 사람이 단지 제자를 양육하는 것뿐 아니라 「제자를 키우는 제자」 를 양육할 수 있도록 육성하는 역할을 감당합니다 (딤후2:2참조). 평안을 받을

사람이나 그 관계자는 제자양육운동의 시발점이 되기
쉬운 사람입니다.

씨 뿌리는 방법인가, 땅의 종류인가

성경에는 열매를 맺지 않는 땅이 있다고 기록되어
있습니다. 「이 사람만큼은 믿을 수 있다」고 생각했는데
정작 그 대상이 떠나거나, 정성을 다해 돌보던 사람에게
전혀 변화가 일어나지 않더라도 필요이상의 책임감을
느끼거나 실망해서는 안됩니다. 많은 경우, 씨를 뿌리는
쪽 보다 토양 자체에 문제가 있기 때문입니다.

이 사실을 알게 됐을 때 내게 큰 위로가 되었습니다.
동경의 어떤 교회는 성도의 평균수명이 3년이라고
합니다. 세례를 받고 평균 3년쯤 되면 교회에 출석하지
않는다는 의미입니다. 내가 시무하는 교회에서는 그
정도로 발을 끊는 악조건은 아니었지만 성도가 교회를
떠날 때마다 내 자신을 책망하곤 했습니다.

그런데 내가 씨 뿌리는 비유를 읽었을 때, 성경은
씨앗을 뿌리는 방법이 서툴러서 열매를 맺지 못한다고
하지 않았습니다. 씨를 뿌리는 사람의 기술이나 자질은
이 비유 가운데 전혀 문제시되지 않는다는 것을 새롭게
발견했습니다. 다루고 있는 부분은 씨앗이 떨어진 토양의
종류였습니다.

물 관리가 잘 된 밭에 모판에서 자란 모를 간격에
맞춰 모내기를 하는 계획성 높은 농업을 상상한다면,
이 비유는 이해하기 어려울 것입니다. 예수님 시대의
중동에서는 논밭을 일구기 전에 무작위로 씨앗을
뿌리는 방식이 일반적이었다고 합니다. 따라서 이 비유를
들은 사람은 밭의 성장이 뿌리는 방법이 아닌, 어떤
땅에 떨어졌는지에 달렸다는 것을 잘 이해할 수 있었던
것입니다.

변명할 의도는 없지만 내가 경험해 온 「많은 성도가
떠나간 장면」은 성경에 기록된 말씀이 그대로

재현되었다고 볼 수 있습니다. 물론 뿌리는 방법에 대해 잘 배워서 숙달되어야 한다는 점은 인정합니다. 그러나 그 이상으로 중요한 것은 좋은 땅에 떨어진 씨앗이 순조롭게 자라도록 두루 살피는 것입니다.

비유에서는 4종류의 땅 중에 3종류의 땅에서는 열매가 맺히지 않았습니다. 그러나 다행인 것은 하나님께서 각 공동체 가운데 좋은 땅, 즉 평안을 받을 사람을 배치해 두신다는 점입니다. 바로 이 사람이 열매를 맺는 땅이고 미래를 여는 주인공입니다.

바퀴벌레와 나방

열매를 맺지 않는 3 종류의 땅 가운데 길가에 떨어진 씨앗은 새가 날아와서 가로채 먹어버렸고, 돌밭에 떨어진 씨앗은 해가 뜨면 뜨거워서 말라버리기 때문에 얼마 되지 않아 우리의 시야에서 사라져버립니다. 그 때문에 그들이 떠나는 모습을 보고 안타까운 마음은 있지만 어렵지 않게 포기할 수 있을 것입니다.

그렇지만 세 번째 땅의 경우는 어떤 각오를 하지 않으면, 마음이 여린 사람은 금새 함정에 빠져버릴 것입니다.

세 번째 땅에 떨어진 씨앗은 「가시떨기 위에 떨어지매 가시가 자라서 기운을 막았고」(마13:7) 라고 묘사했습니다. 이것은 열매를 맺을 수는 없지만 가시떨기 아래에서 계속 생존을 하고 있다는 의미입니다.

이런 부류의 사람들은 「세상의 염려와 재물의 유혹」 (마13:22) 에 줄곧 사로잡혀 있어서 말씀에 순종하기 싫은 사람들입니다. 본인은 그리스도의 고난에 참예할 각오를 하지 않기 때문에, 가령 어떤 문제가 해결된 것처럼 보여도, 다른 문제가 부상하게 되고, 언제까지나 답보상태에 머무르게 됩니다.

그러나 이 사람들을 원수처럼 대해서는 안됩니다. 하나님은 그들을 구하려고 땅에 씨앗을 뿌렸다고 하셨기 때문입니다. 그러나 우선순위는 분명히 해야 합니다.

일꾼의 용량에는 한계가 있습니다. 문제의 주변을 기웃거리는 사람들과 다녀서는 안됩니다. 이 일로 인해 소진되어「말씀을 듣고 깨달은 사람」을 기다리게 해서는 안됩니다.

어떤 사람이 "평안을 받을 사람"은 나방으로, 그 외의 사람은 바퀴벌레로 비유했습니다[15]. 바퀴벌레는 빛을 비추면 도망가지만, 나방은 빛 가까이로 옵니다. 도망가는 바퀴벌레를 잡으려고 애를 쓰기보다 나방을 잡는다면 가족, 친구, 네트워크, 회사, 학교, 지역별로 일제히 구원을 받는 큰 역사를 기대할 수 있습니다.

평안을 받을 사람을 분별하고, 그가 온전히 기능할 수 있도록 도움을 줌으로써 그룹 전체의 3%~10%의 사람들은 우리가 느끼지 못하는 사이에 구원의 길로 접어들 가능성이 생기는 것입니다.

평안을 받을 사람에게 다가가기

그렇다면 평안을 받을 사람에게 어떻게 접근하면 좋을까요. 「(천외내)天外內」의 순서로 설명해보겠습니다.

「(천)天」의 요소는 축복과 예언입니다.

「어느 집에 들어가든지 먼저 말하되 『이 집이 평안할지어다』하라」(눅10: 5) 라고 명령하고 계십니다. 그곳에 평안을 받을 사람이 있다면 그 사람에게 평안이 머물 것입니다. 평안을 받을 사람을 만나게 되면 다른 집으로 옮겨가지 않고「평안의 집」에 머물도록 지시하셨습니다.

예수님은 제자들을 파송할 때 무엇을 말할 것인지 가르쳐주지 않았습니다. 「내게 말씀을 주사 나로 입을 열어」(엡 6: 19) 선포하게 하시기 때문입니다. 제자들은

15   Neil Cole, *Organic Church: Growing Faith Where Life Happens.* San Francisco, CA: Jossey-Bass, 2005. pp.179.

「아버지의 영」(마10:20) 의 인도하심을 따라 예언적으로 대화를 이끌어갔을 것이라고 추측합니다.

「(외)外」 의 요소는 봉사와 전도입니다.

이스라엘에서는 유대인 여행자가 마을에 도착하면 회당의 책임자가 숙박을 준비해주고 이틀간의 식사와 숙박을 도와줍니다. 제자들은 체류 3일째가 되면 지난 이틀간 지냈던 가정의 일을 돕거나 "평안의 집"을 섬겼다는 것을 유추할 수 있습니다. 제자들에게 휴대품 금지를 명하신 이유의 하나도 바로 평안을 받을 사람과 이러한 시간을 갖기 위함입니다.

그리고 제자들은 함께 먹고 마시고 일을 하면서 자신을 보내신 분과 이 마을에 방문하게 된 이유를 설명했을 것입니다. 「보지 못하는 사람이 보고 다리를 저는 사람이 걷고 나병 환자가 깨끗해지며 듣지 못하는 사람이 듣고 죽은 사람이 살아나고 가난한 사람들에게 복음이 전파된다…」 (우리말성경 마11:5) 라고 증거하며 병자를 치유함으로써 제자들은 하나님의 능력을 확증시켰습니다.

마지막으로「내(內)」 의 요소는 회개와 교제입니다.

예수님을 맞아들인 삭개오는 「주여 보시옵소서 내 소유의 절반을 가난한 자들에게 주겠사오며 만일 누구의 것을 속여 빼앗은 일이 있으면 네 갑절이나 갚겠나이다」 (눅 19:8) 라고 고백했습니다. 이와 마찬가지로 제자들에게 임한 충만한 하나님의 임재 「하나님 나라의 도래」 (눅 10: 9 참조) 를 "평안을 받을 사람"에게 확신시키고 삶의 변화를 촉구했다고 볼 수 있습니다.

그리고「차려놓은 것을 먹고」 (눅 10:8) 의 의미는 「모든 사람에게, 더 많은 사람을 얻고자」 (고전9:19, 20 참조) 하는 수용과 겸손을 표명하는 것입니다. 공동체 밖으로 복음을 소개하러 나온 사람은 그리스도 외에 그 어떤 다른 것도 섞이지 않도록 주의해야 합니다.

예수님은「수확할 것이 많다」고 선포하셨습니다. 따라서 우리 주변에는 이미 평안을 받을 많은 사람들이 예비되어 있습니다. 평안을 받을 사람은 「이 성 중에 많은 내 백성」(행 18:10참조) 이 한 영혼도 빠짐없이 구원을 받고 공동체 전체가「선교하는 백성」이 되도록 쓰임 받게 됩니다.

말씀을 듣고 깨닫는「평안을 받을 사람」을 축복하고 예언하며, 그들을 섬기고 치유하면서 친근히 교제하는 가운데 회개의 길로 인도함으로써 도미노를 무너뜨릴 수 있습니다.

도미노를 무너뜨리다

공동체변혁

교회를 개척한다 ?

20년 전, 교회 안에 소그룹 다이나믹스(Group Dynamics)를 도입해야 한다는 요지의 논문을 작성한 적이 있습니다. 일상생활 가운데 개개인이 경험한 축복과 갈등을 소 그룹 안에서 나눔으로써 교회가 활성화되기 때문입니다.

그런데 10년 전, 이 새로운 소그룹은 불신자들의 모임에서 형성하는 편이 더 좋다는 것을 깨달았습니다. 가령 교회에서 소그룹 다이나믹스를 운영하여 공동체가 활성화된다고 하더라도 그저 기다리고만 있다면 교회 밖에 있는 불신자들이 접속할 기회가 희박해지기 때문입니다.

따라서 세상 사람들이 교회에 오지 않으면 교회가 세상 속으로 들어가야 한다는 발상 전환을 했습니다. 「땅에 충만하라」고 명하신 인간창조의 역사, 바벨탑 사건, 예수님의 지상명령, 스데반 집사의 순교 이후 이방인 선교의 확대 등의 성경기록은 집결이 아닌 분산의 방향을 보여주고 있습니다.

외부로 나가서 증거하기 시작했을 때, 종교적 프로그램에는 관심을 보이지 않았던 사람들이 그리스도 중심의 교제가 가져오는 풍성함에 이끌리고, 인간관계를 통한 복음이 전해졌습니다. 파송의 사명을 짊어진 소그룹이 삶의 현장에서 예수님께 받은 사랑을 간증하게 됐습니다. 게다가 외향적 백터를 부산물로 보유하게 되니 그룹 자체가 강건한 조직이 됐습니다.

그런데 내가 최근에 깨달은 것은 우리가 소그룹을 「인공적」으로 형성할 필요가 있는가에 대한 부분입니다. 왜냐하면 소그룹은 이미 세상에 얼마든지 존재하기 때문입니다. 일반적인 레스토랑에 가더라도 사람들이 테이블에 둘러앉아 소그룹을 형성하여 나누는 모습을 쉽게 눈으로 확인할 수 있습니다.

이 세상에서 진정으로 필요한 것은 소그룹이 아닌 그리스도입니다.

예수님이 보내신 2인 1조로 구성된 제자양육팀은 이 집에서 저 집으로 전도하며 다니지 않았습니다. 이 집에서 1명의 회심자를, 또 다른 그룹에서 2명의 회심자를 모아서 성경연구회를 조직하지도 않았습니다. 오히려 제자들이 도착하기 이전부터 이미 형성되어있던 자연스러운 가족의 교제가 그대로 그리스도 중심의 교제로 변화되었습니다.

예수님은 교회를 개척하라고 말씀한 적이 없고, 「모든 민족을 제자로 삼아」 (마 28:19) 라고 명하셨습니다. 제자는 하나님을 사랑하고 이웃을 사랑하기로 결단한 사람입니다. 누가복음 10장에 나오는 두 제자가 소개한 것은 「경천애인」 이라는 새로운 삶의 방식이었습니다.

그리고 「제자로 삼다」 라는 말은 단순히 개개인이 경천애인의 삶을 사는 것만을 의미하는 것이 아닙니다. 공동체 내부의 가족과 집단이 하나님 나라의 규범과 가치관 편에 서서 연계를 이루고, 더 나아가서는 외부 공동체와 동일한 규칙으로 관계를 맺는 것입니다. 다시 말하면 자기희생의 사랑을 통과하신 그리스도 중심의 공동체로 변화되어 가는 것입니다.

하나님의 선하신 뜻은 정치, 교육, 미디어, 예술, 오락, 종교, 가족, 비즈니스 등 여러 가지 문화 영역에서 홀로 영원하신 하나님이 경배를 받으시고, 그 분의 다스리심 가운데 공동체 전체가 정의와 공의, 사랑을 목표로 성장하는 것입니다 (눅 4:18-19) .

제자육성운동이 사랑으로 서로 연계되는 「상호부조사업」 으로 조직되어 공동체에 도입될 때, 「하나님의 나라가 너희에게 가까이 왔다」 (눅10:9) 라는 선포의 내용을 우리는 실제로 체험하게 될 것입니다.

공동체 변혁의 4단계

공동체 변혁에는 4가지 단계가 있습니다. ①준비, ②증언, ③육성, ④퇴거입니다 [16]. 외부에서 공동체와 관련된 2인1조의 사역자 관점에서 각 단계에 대해「(천)天·(외)外·(내)內」의 순서로 설명해 보겠습니다.

[준비단계]

도미노 무너뜨리기의 기점인 동시에 상호부조사업을 담당할 "평안을 받을 사람"이나, 또는 "평안을 받을 사람"이 리더를 맡고 있는 소그룹의 구성원들과 친밀한 관계를 쌓아둡니다.

「(천)天」-내가 가까워질 수 있는 소그룹이 어느 곳인지 하나님께 구합니다.

「(외)外」-대상이 되는 소그룹과 관련을 맺기 시작합니다. 특히 타 문화 선교에 있어서는 함께 먹고자는 관계가 필요한 경우도 있습니다. 빈번하게 만나거나 함께 일을 하는 사이에 누가 이 공동체의 리더인지, 공동체의 필요는 무엇인지, 대상집단이 공동체 변혁에 공헌할 수 있도록 도울 일은 무엇인지, 문제를 해결하기 위한 자원이 공동체 내부에 있는지 등을 살핍니다. 이 준비기간에는 공동체 리더와 좋은 관계를 쌓는 것이 필수 과제입니다. 공동체의 리더가 대상집단의 리더, 즉 "평안을 받을 사람"인 경우노 있습니다.

「(내)內」-2인조 사역자의 삶의 모습이나 대상집단과의 교제를 통해 섬김의 모범을 보입니다.

[증언 단계]

삶의 모습이나 교제를 통해 우정관계가 깊어지면 언어와 사랑의 행동을 동원하여 간증을 시작하고,

16   David S. Lim,"Church @ the Frontiers: Transformation through Church Planting Movements and Community Development." The Starfish Files, Summer, 2009. pp.3-6. http://www.housechurch.ca/resources2/107_Starfish_Files_Summer_2009.pdf (accessed April 09, 2010)

대상집단이 평안을 수용하도록 기도합니다. 그 대상집단은 곧 제자육성과 상호부조사업을 담당할 중핵집단으로 성장할 것입니다.

「(천)天」－공동체 리더를 위한 우정전도와 중핵집단 형성에 대한 지혜와 인도하심을 구합니다. 그리고 치유와 기적을 행사하는 권위가 이미 부여되었다는 사실을 자각하고 있어야 합니다.

「(외)外」－공동체 리더의 이야기를 경청하면서 사람들의 필요를 채워주고, 평안을 위해 기도하며 표적과 기사를 행사함으로써 공동체에 변혁을 이루기 위한 중핵집단을 형성합니다.

중핵집단의 구성원 가운데 복음을 받아들인 사람부터 순서대로 제자양육을 시작합니다. 이 제자양육은 상호부조사업을 위한 교육과 병행합니다.

「(내)内」－중핵집단에 대해서 공동체 전체를 섬기고 이웃에게 복음을 전하는 모범을 보입니다.

[육성단계]

중핵집단이 제자양육과 상호부조사업을 자립적으로 전개할 수 있도록 지원하고 돕습니다.

「(천)天」－공동체가 주체가 되어 진행하는 상호부조사업을 수용합니다.

「(외)外」－공동체 리더의 승인을 구하면서 중핵집단의 제안과 주도권 아래, 또는 공동체 안에 이미 보유한 자원을 이용하여 상호부조사업을 전개합니다.

「(내)内」－중핵집단의 구성원이 서로 사랑할 수 있도록 돕습니다.

[퇴거단계]

공동체 내부 인맥 가운데 제자육성 연쇄반응이 일어나기 시작하면 2인조는 공동체를 떠납니다. "평안을 받을 사람"을 포함한 중핵집단의 주도권 아래,

자립적·자발적으로 복음과 상호부조사업이 확대되기 위함입니다.

「(천)天」−중핵집단이 2인조 사역자에게 의존하지 않고 「주와 및 그 은혜의 말씀」(행20:32) 을 직접 붙잡을 수 있도록 돕습니다.

「(외)外」−2인조는 그 곳을 떠나 다음 사역지로 이동합니다. 퇴거 시기가 늦어질수록 공동체의 자립은 뒤쳐지고, 2인조에 대한 의존도는 높습니다.

「(내)內」−중핵집단에게「자기를 위하여 또는 온 양떼를 위하여 삼가라」 (행20:28) 고 명하고 있습니다. 2인조가 「곧 모든 겸손과 눈물이며」(행20:19) 이러한 자세로 주님과 사람들을 섬겼다면 그 명령에는 권위가 동반됩니다.

미조람을 통해 배운 공동체 변혁의 사례

인도 북동부에 위치한 미조람이라는 지역에 살고 있는 미조 부족의 선교활동은 19세기 후반에 시작됐습니다. 당시 그들은 수수족(首狩族)이었지만 공동체 변혁을 체험하고 그 지역을 통해 많은 선교사가 배출되었습니다. 나는 이 곳의 선교활동에서 적어도 3가지의 교훈이 있다고 생각합니다.

첫 번째로 현지인들의 세계관을 배려한 복음제시가 이루어졌다는 점을 들 수 있습니다. 당초 선교사들은 창조의 하나님·죄·구원의 3단 논법으로 복음을 설명하려고 했습니다. 그러나 실제로 그들의 세계관에서는 죄의 개념이 없고, 죄에서 구속할 구원주를 구하지 않는다는 사실을 깨닫게 됐습니다.

그들의 필요는 숲 속에 살고 있는 악령에 대한 두려움에서 벗어나는 것이었습니다. 여기에서 선교사들은 악령과 그 권세를 이기신 예수님을 전하기 시작했습니다. 그 결과, 부족 전원이 구원을 받게 되는 현상이 꼬리에 꼬리를 물고 일어나게 됐다고 합니다.

예수님도 눈이 치유되기를 간절히 구하는 자에게 교리 설교를 하지 않았습니다. 사람들의 필요를 분별하고 그것을 채워줌으로써 먼저 하나님의 사랑과 능력, 지혜를 경험하도록 인도하셨습니다. 그리고 신뢰관계가 돈독해진 후에 더욱 깊은 영적 니드를 채우는 순서로 사람들을 만져주셨습니다.

두 번째는 현지인 리더가 양성되었다는 점입니다. 미조 부족은 80여 지역에 분산되어 유목생활을 했습니다. 선교사는 선교활동의 초기 단계부터 각 부락의 리더를 훈련하는데 주력했습니다. 현지의 리더가 기초교리나 문자를 읽는 기술을 다른 사람에게 전하거나 이웃에게 복음을 전할 수 있는 단계까지 훈련을 이끌었습니다.

후일에, 인도정부가 미조람 지역의 독립을 두려워하여 외국으로부터의 영향을 배제하기 위해 선교사를 추방했습니다. 그러나 1989년 시점에서 미조람이 지원하던 지역내/외 부족의 선교사는 88명 있었습니다. 게다가 인도 각지에 50여명의 선교사를 파송했습니다.

이 곳의 선교사들은 외국 원조에 의존하지 않고 스스로 자급자족하며 살았습니다. 주부들은 저녁식사를 준비할 때마다 한 주먹의 쌀을 선교사 지원을 위해 따로 떼어 두었습니다. 청년들은 장작을 모아다가 판 돈을 선교자금으로 사용했습니다. 결코 녹록하지 않은 생활이었음에도 불구하고「그들의 넘치는 기쁨과 극심한 가난이 그들의 풍성한 연보를 넘치도록…」(고후 8:2) 하게 한 것입니다.

세 번째는 복음선교자 훈련뿐 아니라 공동체 개발이 이루어졌다는 점입니다. 식자교육이나 공중위생의 계몽이 이루어졌고, 미조람 독자의 음악으로 다양한 복음성가가 제작되었습니다. 게다가 미조람 출신 선교사들의 감동적인 이야기가 학교에서 아이들에게 구전되었습니다.

미조람은 복음선교를 민족으로서의 책임이며 존재이유라고 생각했습니다 (고전9:18 참조). 일찍이 패트릭 존스톤은 「미조람보다 인구대비 선교사 파송 비율이 높은 나라는 지상에 존재하지 않았다」 [17]고 언급했습니다.

나는 머지않아 일본이 이 기록을 완전히 갱신하게 될 날이 올 것을 기대합니다.

평안을 받을 사람과 중핵집단이 제자양육과 상호부조사업을 자립적으로 감당하게 됨으로써 공동체에 변혁이 일어납니다.

---

17   Rick Wood, "The Mizos of Northeast India: Proclaiming the Gospel to their neighbors near and far - Zari Malsawma" *Mission Frontier*, November-December, 1994. http://www.missionfrontiers.com/pdf/1994/1112/nd9412.htm (accessed April 09, 2010)

리더양육과 코칭

뱅갈보리수와 바나나

어느 마을에 유명한 설교자가 살고 있었습니다. 주일 예배 때는 언제나 많은 사람들이 예배당을 빼곡히 채웠습니다. 멀리서도 그의「살아있는」설교를 듣기 위해 청중들이 물밀 듯 몰려왔습니다.

그런데 그가 세상을 떠난 후 교회는 폐쇄되었습니다. 사역을 계승할 사람이 없었기 때문입니다. 타의 추종을 불허할 만큼의 훌륭한 사역자는 그 사람 자체가 하나님의 은사인 것입니다. 그러나 그 사람이 사라진 뒤에, 사역을 어떻게 지속해야 하는지에 대한 대비가 없다면 일시적인 현상에 머무르게 돼버립니다.

폴 히버트는 「뱅갈보리수와 바나나」라는 두 종류의 식물을 예로 들면서「리더를 키우는 리더」를 양육하는 것에 대한 중요성을 지적했습니다[18].

일본에서도 관엽수로서 인기가 많은 뱅갈보리수는 원산지 인도에서는 높이 30미터에 달하는 거목으로 성장합니다. 이 나무 아래에서 사람이나 새, 동물들도 더위를 피할 수 있습니다.

그러나「뱅갈보리수 아래는 아무것도 자라지 않는다」라는 속담이 있을 정도로, 이 나무 아래에는 그 어떤 식물도 자라지 않습니다. 뱅갈보리수가 시들은 뒤에는 1에이커(약 1,224평)에 달하는 「아무것도 자라지 않는 거대한 불모지」가 형성된다고 합니다.

---

18   Paul G. Hiebert, "Banyan Trees and Banana Trees." In *Anthropological Reflections on Missiological Issues*, Grand Rapids, MI: Baker, 1994. pp.173-175.

그와 대조적으로 바나나는 다른 의미에서 생명력 넘치는 식물입니다. 물론 뱅갈보리수와 같이 훌륭한 줄기나 두루 펼쳐진 가지는 없습니다. 수명도 1년 반밖에 되지 않습니다.

그러나, 6개월에 한 번씩 새로운 싹이 나와 열매를 맺습니다. 그 때문에 매년 꽃을 피우고 열매를 맺는데, 이 사이클이 지속적으로 연계되어 순식간에 바나나 숲을 이룬다고 합니다.

히버트는 많은 리더를 뱅갈보리수에 비유합니다. 뱅갈보리수형 리더가 훌륭한 사역을 하더라도 후계자를 발견하기란 어렵습니다. 왜냐하면 그들은 리더가 아닌 팔로워를 생산하기 때문입니다.

팔로워라는 것은 리더의 생각을 추산하고 그 지시에 따르는 사람들입니다. 팔로워는 리더의 이야기를 즐거이 듣기 때문에 리더 자신의 프라이드를 만족시킬 수 있습니다.

리더는 팔로워가 배워야 할 부분과 배우는 방법까지 결정합니다. 그리고 리더가 만든 프로그램에 일익을 담당하도록 배치합니다. 팔로워는 비교적 단시간에 양육할 수 있으며 그 나름의 효과도 볼 수 있습니다.

그런데 리더가 떠나갔을 때 거기에는 의존적인 「지시대기족(族)」만이 남게 됩니다. 이러한 리더십스타일은 차세대 리더의 잠재적 자율의 싹을 뽑아놓고 성장을 방해하는 결과를 초래합니다.

팔로워가 아닌 리더를 육성하는 일은 자존심을 충족시키기 위한 관점에서 고려하면 보상이 적은 일이라고 할 수 있습니다. 그러나 리더를 양육하려면 양육자의 사고나 표면적 라이프스타일을 단지 도용해서는 안됩니다. 하나님과의 직접적인 소통을 통해 스스로 생각하고 스스로 결정할 수 있도록 도와야 합니다.

이렇듯, 양육자의 신념에 대해 의문을 품고 그 결정에 의의를 제기할 수 있는 힘을 익힐 수 있도록 돕는 것이 좋습니다. 그러면 언젠가 그들이 사역을 인수 인계할 때 양육자의 한계를 초월할 수 있게 됩니다. 또한 지난 세대를 통해 받은 은혜의 토대 위에 새로운 시대의 새로운 지평을 열 수 있게 됩니다.

설령, 젊은 사람들이 거칠고, 생각의 깊이가 없다고 할지라도, 이에 대해 신경을 곤두세우며 고치려고 하지 말고, 오히려 차차 스스로 생각하고, 하나님 그 분 앞에서 결단할 수 있도록 지속적으로 격려해줘야 합니다.

또한 자습서에 의존하지 말고「자기 책임하에 해결해야 할 문제」가 무엇인지 자각하고, 그것에 주목할 수 있도록 도와야 합니다.

이러한 양육에는 시간과 노력이 필요합니다. 충분한 대화를 하고, 실패를 통해 배울 기회를 제공하면서 자율성을 존중하는 가운데 성장시키기 때문입니다.

그러나 이렇게 자라난 리더들은 오랜 시간 후 자신의 능력을 발견하고, 스스로 새로운 책임을 수여 받게 됩니다. 그리고 양육자는 자신보다 뛰어난 젊은 리더들에 둘러싸이게 됩니다. 이것이 바로 양육하는 자가 누릴 수 있는 보상입니다.

코칭

자율적으로 판단하고 자발석으로 행동하는 리더를 양성하기 위해서는 경험이 풍부한 연장자가 연소자나 초심자를 위한 지식과 경험, 노하우를 나누는「조언을 동반한 지도 (멘토링)」와는 조금 다른 양육구조가 필요합니다.

피양육자가 하나님의 직접적인 인도하심을 받고 능동적으로 행동할 수 있도록 곁에서 돕는 육성 기술을 「코칭」이라고 말합니다[19]. 코칭은 피양육자의 이야기에

19   후쿠다 미츠오(福田充男)『バルナバのように人を育てる:コーチング・ハンドブック(바나바와 같이 사람을 키우다: 코칭핸드북)』생명의 말씀사(いのちのことば社), 2002.

귀를 기울여주고 질문을 하면서 격려하고 도전합니다. 코칭은 하나님과 피양육자 사이에서 나누는 인격적인 대화프로세스를 돕기 위한 또 하나의 인격적 대화입니다.

예수님은 위대한 코치였습니다. 「주는 그리스도시요. 살아계신 하나님의 아들이시니이다」(마16:16) 라는 고백은 교회의 토대가 되는 성명(声明)인데, 주께서는 그것을 스스로 선언하지 않았습니다. 베드로가 스스로 고백했던 것입니다. 예수님께서는 베드로가 하나님 아버지께 직접 배운 것을 나타낼 수 있도록 일련의 질문을 하시며 그를 도우신 것입니다.

천외내(天外內)트레이닝에서는 질문지를 이용해서 리더를 코치하도록 지도하고 있습니다. 천(天), 외(外), 내(內) 의 세가지 영역은 종축으로, 각각의 영역에서 3개의 시제 (과거·현재·미래) 는 횡축으로 그어, 9개의 질문군을 상하 2세트로 만듭니다. 그러면 질문의 합계는 18개가 됩니다.

상단의 9개 질문내용은 피양육자 자신에 대해 기록하고, 하단의 9개 질문 내용은 피양육자가 리드하고 있는 선교팀, 교회, 사역을 기록합니다. 피양육자가 질문에 순서대로 기입함으로써 양육자와 함께 하나님 앞에서 경천애인을 실천하고 있는지를 스스로 점검할 수 있도록 설계되어 있습니다[20].

질문지의 사용법

코칭은 기본적으로 클라이언트 육성을 위한 것이 아니라 클라이언트가 이끌거나 양육하고 있는 그룹과 네트워크의 성장을 위한 것입니다.

단, 조부모가 손자와 직접 만나는 경우가 있는 것처럼, 코치도 이를 테면 자신의 영적 손자를 직접 만나서 성장을 도울 수 있습니다. 가끔은 부모님보다 할머니 할아버지이기 때문에 오히려 잘 통하는 경우도 있습니다.

20   2007년 7월경 다카자와 켄(高澤健)씨와의 개인적 대화에 의함.

자녀가 대가족의 일원임을 체험하는 것은 다양한 리소스의 존재를 접하거나, 세대간 커뮤니케이션, 사회성을 배우기 위한 귀중한 기회가 됩니다. 그러나 육성자를 키운다는 초점을 잃어버리면, 제자육성의 바통이 3세대를 너머 계승되기란 어렵습니다. 따라서 조부모는 부모를 키우는 양육자로써 지지하면서 손자와 간접적으로 관련되는 것이 좋습니다. 리더를 통해 교회를 코치한다는 것이 그런 의미입니다.

그렇다면 질문지의 사용법을 설명하겠습니다. 코치와 크라이언트가 정기적으로 만나서 "코칭 회합"을 갖는 것을 전제하에 설명하겠습니다. 세션은 기승전결의 4가지 부분에 의해 구성됩니다[21].

기－기도

「자라게 하시는 이는 하나님」(고전3:7) 임을 인정하고 "코칭 회합"의 보호와 인도하심을 구하며 기도합니다. 그리고 회합 가운데 하나님께서 깨닫게 해주신 부분은 남김없이 실행할 수 있도록, 그리고 부정적인 말이나 태도는 금하도록 기도합니다.

승－회고

지난 코칭 시간에 설정한 행동계획을 실행으로 옮겼는지 돌아보고, 실행했다면 하나님의 역사를 기뻐하고 감사하며, 실행하지 못했다면 그 이유를 분석하고 목표를 재 설정, 또는 계속해서 적용하기로 결단합니다.

전－질문

질문지를 함께 보면서 클라이언트가 질문에 대답할 수 있도록 유도합니다.

결－결단

---

21   다카자와 켄(高澤健)「ハウスチャーチ開拓者のためのコーチングセミナー資料(하우스쳐치 개척자를 위한 코칭 세미나자료)」2007년 2월 23일에 오사카에서 개최된 동명세미나 배포자료 (미발표)

다음 코칭 시간까지 구체적으로 무엇에 집중할 것인가 하는 현실적으로 측정 가능한 행동 계획을 세우고, 그것을 실행할 수 있도록 마음을 모아 기도합니다. 그리고 회합을 돌아보며 가장 인상적인 것을 대화 가운데 표현하는 것도 좋습니다.

피양육자가 하나님의 직접적인 인도하심을 받아 능동적으로 행동하도록 곁에서 돕는 코치는 팔로워가 아닌 진정한 리더를 키우게 됩니다.

교회에 주신 5 가지 기능

당신은 어떤 타입인가?

함께 기도할 때 항상 같은 내용의 기도를 부탁하는 분이 있습니다. 예를 들어 어떤 부인은 항상「복음을 담대하게 전할 수 있도록 기도해주세요」라고 말합니다. 그리고 이 분은 실제로 기뻐하며 전도를 합니다.

또 어떤 청년은「하나님과 더 친해지고, 친구들과 좋은 시간을 보낼 수 있도록 기도해주면 좋겠다」고 말합니다. 그는 마음이 상한 사람을 보면 실제로 친절하고 자연스럽게 대해 줍니다.

에베소서 4장 11절에는 「그가 어떤 사람은 사도로 어떤 사람은 선지자로 어떤 사람은 복음 전하는 자로 어떤 사람은 목사와 교사로 삼으셨으니」라고 기록되어 있습니다. 그렇다면 앞에서 언급한 부인은 복음 전하는 전도자로, 청년은 목자로 세우심을 받았다고 할 수 있습니다.

나는 때때로 리더들에게 다음과 같은 질문을 합니다.

「네 사람이 있다고 가정합시다. 당신은 다음의 어떤 사람과 가장 긴 시간을 보내고 싶습니까? 첫 번째는 리더 보조자, 두 번째는 불신자, 세 번째는 상처 입은 자, 네 번째는 오해하고 있는 성도입니다. 만약 이 네 사람 중에서 함께 시간을 보내고 싶은 사람이 없다면, 그것 또한 좋습니다.」

첫 번째「리더 보조자」를 선택한 사람은 사도적 열정을 갖고 있을 가능성이 높을 것입니다. 새로운 영역에서 사역이 진진되기 위해, 운동의 도대가 되는 리더를 육성하고, 비전과 전략을 나누는 것이 사도의 역할이기 때문입니다.

두 번째「불신자」를 선택한 사람은 전도자일지 모르겠습니다. 전도자는 잃어버린 영혼들이 예수님을 만나도록 열정적으로 일하고, 자신의 삶과 간증을 통해 교회가 외부 세계로 향하게 합니다.

세 번째「상처받은 사람」을 선택한 사람은 목사로서의 은사가 있는 사람이라고 생각합니다. 소위 직업적 목사가 아닌 목자의 영성을 가진 사람이라고 표현하는 것이 좋겠습니다. 이런 부류는 서로 돕고 교제하는 가운데 성장할 수 있도록 사람들을 연결해주려고 합니다.

네 번째「착각하고 있는 사람」을 선택한 사람은 교사와 같다고 생각합니다. 착각과 혼란 중에 있는 사람들을 가르치고, 교회가 진리 가운데 온전히 세워지도록 성경의 말씀을 통해 해명하려고 하기 때문입니다.

그리고「해당사항 없음」의 사람은 예언자의 특징이 있습니다. 예언자 중에는 사람과 교제하는 시간을 아끼고, 하나님과의 시간을 확보하고 싶어하는 사람이 많기 때문입니다. 그리고 하나님의 마음 속에 있는 수많은 정보를 받아, 그것을 교회와 세상 가운데 나타내줍니다.

다섯 가지 기능의 밸런스

교회에 주신 5가지 기능 가운데 어떤 한 기능이 지배적이라면 전체의 균형은 깨지고, 성장이나 사명을 이룰 수 없습니다.

예를 들어 사도기능이 지배적인 교회는 어정쩡한 결과를 남길 수 밖에 없습니다. 리더들은 끊임없이 새로운 미개척 필드에 이런 저런 마음을 빼앗겨 버려서, 새로운 계획이 궤도에 오르기도 전에 다음 계획을 세우려고 하기 때문입니다.

예언자 기능이 지배적인 교회는 직감적인 생각에 휘둘려서 중간에 길을 잃고 헤매게 됩니다. 초자연적인 하나님의 개입만 기대하다 보면 성실한 노력을 정당하게 평가하지 않는 경향이 되기 마련입니다.

전도자 기능이 지배적인 교회에서는 불신자를 매료하는 이벤트를 통해 회심자가 배출되지만 양육을 위한 시도는 서투릅니다. 항상 어제와 비슷한 불신자를 위한 설교가 반복될 뿐입니다.

목사기능이 지배적인 교회는 가끔 나타났다가 사라져버리는 현상을 초래합니다. 사람들은 마음의 치유를 구하며 교회에 몰려오는데, 일시적인 쇄도로 인해 스텝이 꼼꼼히 대응할 수 없어서 일시에 사그라져 버리는 일이 많기 때문입니다.

교사기능이 지배적인 교회에서는 사람들이 새로운 정보나 감동적 통찰을 제공하는 교사에게 의존하게 됩니다.

일본의 많은 지역교회는 교사기능이 강하고, 초교파 교단은 전도자 기능이 강한 것 같습니다. 목사기능이 강한 교회와 예언자기능이 강한 교회가 해외의 붐을 타고 가끔 주목을 받지만, 사도기능이 강한 교회는 대게 과다한 아이디어에 파묻혀 매몰되어 버립니다.

여기에서 문제는 하나님의 백성들에게 주어진 좋은 요소들을 각각 따로 사용하고 있다는 점입니다.

사도와 예언자 기능의 토대

이들 5가지 기능은 사도와 예언자 기능의 토대 위에서만 유기적으로 연결될 수 있습니다 (엡2:20). 즉, 온 땅에 그리스도의 제자를 세운다는 사도적 비전과 전략이 예언자와 같이 하나님의 음성을 들음으로써 전개되어 갑니다.

사도는「더 멀리 파송하기 위한 길을 나타내는 지도책」을 읽고, 예언자는 네비게이션처럼 목적지까지 길을 안내합니다. 이 큰 줄기의 흐름 가운데 담대하게 복음을 전하고, 하나님과의 관계와 사람들과의 관계를 수정하며, 성경에 조명하여 원칙을 검토하면서 사역을 진행하는 것입니다.

사도와 예언자의 토대라는 의미를 사도행전 20장의 바울의 고별설교를 인용하여 천(天), 외(外), 내(內)의 순서로 설명하겠습니다.

먼저「천(天)」의 요소는 하나님과의 직접적인 교제를 유지하는 것입니다. 바울은 에베소교회의 장로들에게 자신이 아닌「주와 그 은혜의 말씀에 부탁하노니」(행 20:32) 라고 말했습니다.

전도자는 전도프로그램에 의해, 목사는 치유사역에 의해, 교사는 통찰력이 넘치는 성경해석에 의해, 사람들을 자신에게 의존하게끔 만드는 경향이 있습니다.

그러나, 나그네와 같은 사도와 예언자는 떠나야 할 때를 알기 때문에 사람들이 직접 하나님과 교제하며 깨닫기를 구합니다. 자신이 떠난 후에도, 이 운동이 자립적으로 전개되도록 사람들을 준비합니다.

직접성을 고집하는 이유는 육성의 바통이 다음 세대 리더들에게 전해질 때, 교훈이나 영성의 질이 저하되지 않기 위함입니다. 「카피에 카피」를 반복하는 것은 지역과 국가를 승리로 이끌 수 없습니다.

「외(外)」의 요소는 교회가 세상에 보내심을 받았다는 사실을 자각시키는 것입니다. 사도라는 말은 「보내심을 받은 자」라는 뜻입니다. 따라서 요한은 자신이 더 이상 여행을 하지 않게 됐을 때, 스스로 사도가 아닌 장로라고 자칭했습니다.

만약 어떤 사람이 사도로서의 소임을 이루고 있다면 선교의 최전방에 서있는 것입니다. 예언자는 사도와 함께 보내심을 받아 「여러 말로 형제를 권면하며 굳게」 (행 15:32, 눅11:49 참조) 해 줍니다.

사도와 예언자는 스스로「성령에 매여」(행20:22) 위험한 사명의 땅으로 나아가는 모범을 보임으로써 「세상에 보내심을 받은 하나님의 백성」이라는 교회의 정체성을 나타내는 것입니다.

「내(內)」의 요소는 사도나 예언자가 받은 고난에 의해 종으로서의 삶이 나타나는 것입니다. 바울은 「곧 모든 겸손과 눈물이며 유대인의 간계로 말미암아 당한 시험을 참고 주를 섬긴 것과」(행20:19), 십자가에 달리신 예수님의 「발자취를 따라오게 하려는」(벧전2:22 참조) 겸손이 그들이 흘린 눈물로서 증거된 것입니다.

사도적 팀의 연결

사도나 예언자와 같이 새로운 영역을 개척하는 부류의 사람들은 틀에 맞추려는 압력에 불편함을 느낍니다. 그래서 사도나 예언자의 잠재성을 가진 혁신적인 사람들 (대다수는 불신자)은 종종 교회 밖에서 아티스트나 비즈니스맨, 사회기업가나 작가로서 활약을 하고 있습니다. 어쩌면 교회가 나타내야 할 메시지를 교회 밖의 사람들이 실제로 생생하게 표현하는 역전현상이 일어나고 있는 것입니다.

2009년 12월 25일 심야에 TBS방송에서 방영된 「크리스마스의 약속 2009」이라는 프로그램은 상당히 예언적이었습니다. 총 21조 34명으로 구성된 아티스트들이 한 곳에 모여 각각의 대표 곡을 메들리로 부르기 시작했습니다.

아티스트가 자신의 노래를 부를 때, 다른 사람들은 곁에서 코러스를 부르며 받쳐줬습니다. 그래서 22분 50초나 되는 긴 메들리가 되고 말았지만 신기하리만큼 그 모임장소에 일체감이 흐르고 있었습니다.

개성 넘치는 일류 아티스트들이 서로를 인정하고 사랑하고 존경하는 모습을 서로의 노래를 받쳐주면서 하나의 메들리를 완성함으로써 표현했습니다. 노래를 부르는 사람이나 듣는 사람 모두가 눈물을 흘리는 영상을 보면서, 이것이야말로 교회가 세상에 보여줘야 할 모습이라고 생각했습니다.

바울은 교회를 「그리스도의 몸」이라고 정의하고 있습니다. 눈이 손을 대신할 수 없고, 머리가 다리의 기능을 대신 할 수 없습니다 (고전12:21 참조) .

각 기관을 맡은 자신의 책임을 다해야 하지만, 그 작업은 단독적으로 하는 것이 아닙니다. 몸에는 다양한 기관이 있지만 각각 하나의 몸으로서 연결되어 있기 때문입니다 (롬12:5 참조) .

한 사람의 기쁨은 전체의 기쁨이고, 한 사람의 슬픔은 전체의 슬픔이 되는 관계가 아니라면 아무 것도 이룰 수 없습니다. 뿐만 아니라 설사 어떤 것을 달성했다고 해도 삼위일체의 하나님을 경험할 수 없습니다.

「당신의 노래를 나도 함께 부르게 해주세요」라고 제안하는 관계 가운데「내 노래를 함께 불러주는 동료가 있다」는 것을 피부로 느낄 때, 이제 서로의 다양성을 하나의 물결로 이루는「하나님의 메들리」가 연주될 것입니다.

반드시 마지막까지 일을 함께 해야 하는 것을 아니지만, 서로를 존경하고 「사랑에 빠질」정도로 상대방을 배려하는 그룹이야말로 제자육성운동의 엔진 역할을 수행할 것입니다.

「하나님의 집에서 심판을 시작할 때가 되었나니」(벧전4:17) 라는 말씀이 있습니다. 그 날, 교회가 회개해야 할 주요 내용 중 하나는 각 사람이 고립되어 그리스도의 몸으로써 함께 기능하지 못한 점일 것입니다.

가족처럼 긴밀하게 연결된 사도적인 팀이 각지에 세워져 갈 때, 이것은 제자양육 운동의 진전을 측량하는 지표가 될 것입니다.

교회에 주신 5가지 기능

교회의　토대는　사도와　예언자입니다.　그리스도의
몸의 각 지체는 다양하지만, 각각 균형있게 기능을 하고
사랑으로　연결됨으로써 「하나님의　선교」가　진행되는
것입니다.

교회에 주신 하나의 기능

후기 ―평범한 사람들에 의한 세계변혁

　본서는 2009년 9월부터 2010년 4월까지 16회에 걸쳐 크리스천 잡지『리바이벌 재팬』에 연재한「천외내(天外内)트레이닝―일본에서 그리스도의 제자가 되기 위해」라는 주제기사에 실었던 것을 새롭게 편집한 것입니다.

　책의 제목은 사이고 다카모리(西郷隆盛)가 설파했던「경천애인」이라는 말을 차용했습니다. 이 사자성어는 하나님과 이웃에 대한 사랑을 말하는「성경이 제시하는 삶」을 간략하게 표현한 말입니다. 그리고 본서에 소개한 천외내(天外内)트레이닝의 합성어로 풀어놓았습니다. 경천애인이라는 성경적 원칙을「생활에 적용」한다는 것이 본서의 테마입니다.

　더욱이 사이고 다카모리(西郷隆盛)는 성경을 읽고, 그 영향을 받았던 것으로 유추할 수 있습니다. 『남주옹 유훈(南洲翁遺訓)』에는「길은 천지만물을 통해 나오는 것이니, 사람이 이를 행하기 위해서는 무릇 하늘 경외하기를 목적으로 삼아야 할 것이다. 하늘은 나와 이웃을 동일하게 사랑하시니, 나를 사랑하는 그 마음 배워 이웃을 사랑하리라」라는 말이 있습니다. 모리베 요시마사(守部喜雅)는, 이 「하늘(天)」을 성경에 나오는 하나님을 가리킨다고 생각했습니다[22].

　22　모리베　요시마사(守部喜雅)『聖書を読んだサムライたち(성경을 읽은 사무라이들)』생명의 말씀사 포레스트북스(いのちのことば社フォレストブックス). 2010. p. 24

트레이닝설계에서 이론적 배경에 대해서는 졸론『習うより慣れろ―日本における草の根弟子育成の一事例(배우기보다 익숙해지라―일본에서 풀뿌리제자육성의 사례)』[23] 에서 상세하게 논하고 있습니다. 본서는 보다 실천적인 내용으로 구성되어 있습니다. 「풀뿌리 제자육성 트레이닝」에 실제적으로 가담한 사람들에게 참고서로 읽어줄 것을 고려하여 집필했습니다.

제자육성이 폭넓게 일반 성도들의 생활에 뿌리내리기 위해서는 인프라를 구축할 필요가 있습니다[24]. 인프라는 사업과 생활의 기반으로서 정비된 시설을 밀합니다. 일반적으로 도로·철도·상하수도·송전망·항만·통신시설 등 산업의 기반이 되는 시설을 가리킵니다.

예를 들어, 마음에 드는 휴대폰을 아무리 사용하고 싶어도 사용하는 지역에 기지국이 없다면 전파가 들어오지 않습니다. 이와 같은 기지국을 이어주는 통신망을 인프라라고 합니다.

제자육성운동에서 인프라란 하나님과 직접 소통하며 이웃을 섬기면서, 나는 죽고 제자를 키우겠다는 각오로 사는 사람들, 즉 경천애인으로 사는 제자를 양육하는 사람들을 돕는 구조를 가리킵니다.

이 작은 책은 예수님과 더욱 직접적으로 이어지는 기쁨을 증거하는 인프라이며, 일반 크리스천을 향한 응원가입니다. 이 책을 읽는 분이 구원의 길로 인도한 새신자를 생활의 장에서 양육할 수 있게 되길 기도합니다.

네트워크 아이디는 「jesus(예수님)」, 로그인 패스워드는 「follow(순종하다)」 입니다.

23   후쿠다 미츠오(福田充男)「習うより慣れろ―日本における草の根弟子育成プログラムの一事例(배우기보다 익숙해져라―일본에서의 풀뿌리 제자 육성프로그램의 실례)『선교학 저널 제 3호』2009. pp. 84-110.

24   Tony and Felicity and the H2H team, "7% of American's attend a "religious service" at someone's home each week!" *House2house E-Letter*, January 14, 2010. http://e-letter.house2house.com/2010/01/14/7-of-american's-attend-a-"religious-service"-at-someone's-home-each-week/ (accessed April 09, 2010)

자, 그러면 인프라에 접속해서 그리스도의 제자를 세우고, 이 땅에 하나님의 영광이 충만하도록, 온 세상의 변화를 위해 나아갑니다.

2010년 4월 후쿠다 미츠오

감사의 인사말

본서는 지인들과 공동작업의 결과, 얻게 된 열매입니다.

많은 여행을 하고, 다양한 사람들을 훈련하면서 많이 울고, 또 웃기도 하고 낙심을 하고 또 감동하면서 함께 하나님의 마음을 알아갔습니다.

여행에서 함께했던 한 사람, 한 사람은 나의 자랑이며 또한 나의 가족입니다.

그들은 모든 족속을 제자로 삼는「하나님의 꿈」의 일부가 된 것을 기뻐하고 있습니다.

이러한 지인들의 지지가 없었다면 이 책은 세상에 나오지 못했을 것입니다.

여행자의 선배이신 나카노유이치로 목사님은 추천문을 보내주셨습니다. 또한 000출판사의 000씨에게 실무적인 도움을 많이 받았습니다. 진심으로 감사드립니다.

후쿠다 미츠오(福田充男)

선교전략가. 「RAC네트워크」

〈http://homepage3.nifty.com/rac/〉대표

칸세가쿠인(関西学院)대학대학원신학연구과 박사과정 전기과정 수료 후 풀브라이트 장학생으로써 미국 캘리포니아주에 있는 훌러신학대학대학원 유학. Th.M.及びDoctor of Missiology취득

저서에는『문맥화교회의 형성 (文脈化教会の形成)』,『복음이 전해지고 있나요(福音は伝わっていますか)』,『선교학리딩스-일본 문화와 기독 (宣教学リーディングス—日本文化とキリスト教)』(편・저),『바나바와 같이 사람을 키운다-코칭핸드북(バルナバのように人を育てる—コーチングハンドブック)』등이 있다

블로그사이트〈http://web.me.com/rabbitlove/〉

경천애인(敬天愛人)-수확을 위한 일꾼 육성-

www.ingramcontent.com/pod-product-compliance
Lightning Source LLC
LaVergne TN
LVHW051415080426
835508LV00022B/3094